名作の なぜ？ なに？ をさがしにいこう！

かがくで
なぞとき
どうわの
ふしぎ50

東京理科大学

川村康文
小林尚美

著

童話 北川チハル

世界文化社

JN014310

この本を読む　お友だちへ

自分だけのふしぎを
さがしにいこう！

この本は、小さいときから、大きくなるまで
なんども手にとって　読んでほしい本です。
まだ　文字の読めない　小さいお友だちは、
大人にも聞きながら　読んでみて
何か　かんじとってくれると　うれしいなぁと思っています。

本をひとりで　読むことができる　お友だちは、
どうわのなかに　ちりばめられている
かがくのふしぎを　見つけてほしいです。
そして　かがくのページを読んで
ものがたりのなかで　出会った　かがくのふしぎの
かいけつへの道を　見つけてみましょう。
大ぼうけんを　味わってもらえると　うれしいです。

本を読むことに　なれてきたお友だちは、

ものがたりのなかの　かがくのふしぎにたいして、
自分なりの考えを　もってほしいです。
その考えを、お友だちや先生、身のまわりの大人と
話し合ってみましょう。この、自分なりに
考えてみることを　“たんきゅう”といいます。

読みおわって　ふしぎの答えが　出なくても、
そのふしぎを　ずっと心のなかに　あたためておきましょう。
自分のなかに、ふしぎのままでも　もっている人は
しあわせです。それは　そのふしぎの　答えを
自分で見つけることで、成長した自分に　出会えるからです。
ひとつひとつの　ふしぎがわかるたびに
ひとつ成長した　自分に出会えます。
そして　自分自身に　自信がもてるように　なっていきます。
どの年れいの　お友だちも、この本とともに
成長してくれることを　いのっています。

川村 康文

もくじ

ブレーメンのおんがくたい
≫ 音のふしぎ

おやゆびひめ
≫ 動植物のふしぎ

ジャックとまめのき
≫ 雲のふしぎ

3びきのこぶた
≫ たてもののふしぎ

にんぎょひめ
≫ 魚のふしぎ

アリとキリギリス
≫ こん虫のふしぎ

おりひめとひこぼし
≫ 宇宙のふしぎ

ヘンゼルとグレーテル
≫ おかしのふしぎ

かぐやひめ
≫ 月のふしぎ

おおきなかぶ
≫ おもさのふしぎ

きたかぜとたいよう
≫ 天気のふしぎ

うらしまたろう
≫ 海のふしぎ

ツルのおんがえし
≫ 鳥のふしぎ

ウサギとカメ
≫ はやさのふしぎ

はなさかじいさん
≫ 植物のふしぎ

この本の　つかいかた

【 どうわページ 】

お話を読みながら、出てくる人たちや動物たちが
どんな気もちだったか　考えてみましょう。
「これって何？」「どうして？」と思うところを　たくさん見つけてみましょう。

【 かがくページ 】

どうわのふしぎを、かがくで　せつめいしています。
本にのっていない　ふしぎは、自分なりに考えたり、調べてみましょう。
この本とちがう　考え方や、答えも　見つかるかも　しれませんよ。

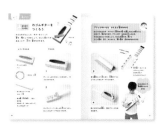

どうわにかんするじっけんや
工作を　しょうかいしています。
火や水を　つかうじっけんは
大人といっしょに　やりましょう。

【 保護者の方へ 】

お子さまの成長に合わせて、読むときのポイント、問いかけなどを
変えてみましょう。成長によって、感じること、理解することは違います。
そのときのお子さまに合った使い方で、この本を楽しんでみてください。

◉文字を覚えたてのお子さま
［年齢の目安：4〜5歳］

「一緒に楽しむこと」が大切です。登場人物についてお
もしろい表情や声で読んであげると、本を読む大人が
楽しんでいる姿を見て、子どもたちから質問が出てく
るかもしれません。「この○○は、どんな人なのか
な？」「これからどんなことが起こるのかな？」と、大
人から子どもたちに声掛けしながら、読んであげても
いいですよ。

◉本をひとりで読みはじめたお子さま
［年齢の目安：小学1〜2年生］

「安心できるリラックスした空間をつくること」が大切
です。大人が見守る安心感が得られる場所で、子ども
はアイデアを広げることができ、無理なく集中し、創
造的な思考に没頭することができます。子どもからの
質問の答えがわからないときは、ほかの大人やきょう
だい、友だちと一緒に調べてもいいですね。

◉読書に慣れてきたお子さま
［年齢の目安：小学3〜4年生］

「かがくあそびの楽しさ、不思議さ、おもしろさを伝え
ること」が大切です。童話のお話と関連づけられた理
科の内容が結びついたQ&Aのページを読むことがで
きます。自分で実験を行うという"直接経験"が"間
接経験"である読書をより深い学びに移行する手助け
となることもあります。大人は実験のときの安全面の
アドバイザーで大丈夫。子ども自身で工夫して、新し
い科学実験に挑戦してほしいです。

ブレーメンの
おんがくたい

ブレーメンのまちを　めざした動物たち。
どうやって　がっきをえんそう　したのかな？
がっきの音が　鳴るのはどうしてだろう？
音のふしぎを　なぞときしよう。
ギターやたいこを　工作して　たしかめよう！

どうわを
かがくで
なぞとき！

音のふしぎ ≫ 18ページ

しごとが　できなく　なった　としよりの　ロバが、
まちで　おんがくかに　なって　くらそうと、
ブレーメンに　むかいました。
　とちゅう、やはり　としを　とって
しごとが　できなく　なった
イヌ、ネコ、オンドリも　くわわりました。
「わしは　ギターを　ひこうかな、ヒヒン！」
「おいらは　たいこが　いいな、ワン！」
「わたしは　うたが　とくいよ、ニャ〜。」
「こえなら　まけないぜ、コッコッコー！」

ところが　ブレーメンに　つく　まえに
よるに　なって　しまいました。
　どうぶつたちは、もりで　いえを　みつけました。
　のぞくと、どろぼうたちが
ごちそうを　たべて　います。
「よーし、おいだして　やろう。」

どうぶつたちは　いっせいに
まどの　そとから　さけびました。

どろぼうたちは　おおあわて。

あっというまに　にげだしました。

どうぶつたちは、ごちそうを　たらふく　たべて、

いえの　なかで　ねむりました。

まよなかです。どろぼうの　ひとりが
ようすを　みに　もどって　きました。
　どうぶつたちは、どろぼうを　けったり、
ひっかいたり、おおさわぎ！
「ひぃ、おばけが　いるぞ〜っ。」
　どろぼうは　にどと　もどって　きませんでした。

どうぶつたちは　ブレーメンへは　もう　いかず、
この　いえで　みんなで　なかよく　くらしました。

かがくでなぞとき！
ブレーメンの
おんがくたい

音のふしぎ

ロバたちが　えんそうしようと　していた
がっきって、どんな音が出るんだろう？

Q ギターって どんながっき？

A げんをはじいて　音を出す げんがっきの　ひとつだよ。

げんがふるえて　音が出る

ギターやバイオリンには　げんという　糸のようなものが
ピーンと　はられています。
げんをふるわせて　音を出す　がっきを　げんがっきといいます。
げんがっきの多くは、本体が空どうに　なっています。
その空どうの　中で、げんのふるえを　ひびかせて、
大きな音に　しています。

マンドリン

バイオリン

ゆみ
弓

ギターやマンドリンは
げんをはじきますが、
バイオリンは　げんを
弓でこすります。

げんの長さで　音の高さが　きまる！

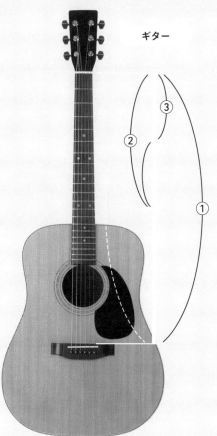

ギター

ギターのげんは、はしとはしが
こていされています。はじくと
げんがふるえ音が鳴ります（①の長さ）。
つぎに　げんのまん中を
ゆびでおさえて　はじいてみると
音が　高くなります（②の長さ）。
さらに　その半分の　長さのいちを
ゆびでおさえて　はじいてみると
もっと音が　高くなります（③の長さ）。
なぜかというと　げんの長さが
みじかくなるほど
げんのふるえる　回数がふえて、
音が　高くなるのです。

音の大きさ・高さは　こうやってきまる！

大きさ…げんがはげしく
ふるえているか　どうか。
ふるえが大きいと、
音も　大きくなります。

高さ…1びょう間に　げんが
何回ふるえているか。
ふるえる数が　多いと　音が高く、
少ないと、音がひくく　なります。

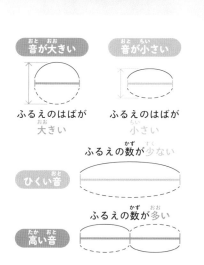

音が大きい — ふるえのはばが大きい

音が小さい — ふるえのはばが小さい

ふるえの数が少ない
ひくい音

ふるえの数が多い
高い音

19

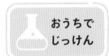
おうちで
じっけん

わゴムギターを つくろう

わゴムをげんにした　ギターをつくって
音を　鳴らしてみましょう。はこに空どうが
あることで、大きく音がひびきます。

ブリッジ

よういするもの

・ティッシュばこ
…1こ

・わゴム…4本

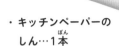

・キッチンペーパーの
しん…1本

・あつ紙（10cm四方）…1まい

・はさみ

・ねんちゃくテープ

・りょうめんテープ

やりかた

1

ティッシュばこのビニールをはがし、わ
ゴムをかけます。

2

キッチンペーパーのしんを平らにつぶし、
はこにねんちゃくテープではりつけます。

ブリッジのいちを　かえると音がかわる

はじいたわゴムが　ブリッジ（三角のあつ紙）を通して　はこの空どうに
ひびいて、音がなります。ブリッジが　ななめに入ったまま、
わゴムをはじいてみましょう。わゴムの長さが、長いと
ひくい音が　出て、みじかいと　高い音が　出るのがわかります。

べつのつくりかた
もあるよ！

肉や魚が　のっている
スチレンようきを、
ななめに切って
わゴムをかけてみよう

3

あつ紙を4とう分におり、三角のつつに
してりょうめんテープでとめます。

4

はことわゴムの間に、③のブリッジをは
さみます。

わゴムをはじいて、
音を聞きくらべて
みてね

Q たいこって
どんながっき？

A たたいて　音を出す
だがっきの　ひとつだよ。

まくが　ふるえて　音が出る

たいこは　つつに　うすいまくを　はってつくります。
リズムをとるとき　よくつかわれる　だがっきです。
ドラムといったほうが　聞きなれて　いるでしょうか？
まくをたたくと、まくがふるえて　音が鳴ります。

タンバリンやジャンベのように
手でまくをたたいたり、
こだいこのように、ぼうのような
バチで　まくをたたいたりして
音を出します。

タンバリン　　　　ジャンベ　　　　こだいこ

 たいこは　まくがふるえて、
音が出るんだね。

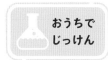 **おうちで じっけん**

風船で たいこをつくろう

ゴム風船を まくにして 空きびんなどに はって、
たいこをつくります。リズムあそびにも ちょうせんしましょう。

よういするもの

・空きようき（びんや
プリンカップ、空き
ばこなど）

・わりばし…1ぜん
・ビニールテープ

・ゴム風船

風船を ピーンと
はったときと、
ゆるめに はったときで
音は どんなふうに
かわるかな？

やりかた

1

ゴム風船を、半分に切
ります。

2

空きようきに①の風船
の上がわをかぶせて、
テープでとめます。

3

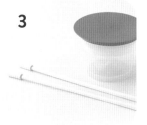

わりばしの先にビニー
ルテープをまいて、バ
チにします。

Q ピアノって
どんながっき？

A ハンマーで　げんをたたき、
音を出す　がっきだよ。

げんとハンマーで　音が出る

ピアノもじつは、げんを　ハンマーでたたいて
音を出す　がっきです。ピアノの中には、ドレミファソラシドの
じゅんばんで、それぞれの音だけが　鳴るげんが　はってあります。
けんばんをたたくと、ピアノの中のハンマーが
その音が　鳴るげんを　たたくしくみに
なっています。

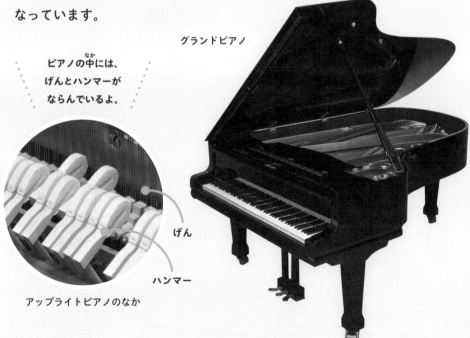

グランドピアノ

ピアノの中には、
げんとハンマーが
ならんでいるよ。

げん

ハンマー

アップライトピアノのなか

同じ「ド」が　2ついじょう
あるのはどうして？

『オクターブ』って何？

ひくいドから　高いドまで　「ドレミファソラシド」と鳴らしたとき、
ぜんぶで　8音あります。この8音の　はばのことを
1オクターブといいます。つまり、高いドは　ひくいドよりも
「1オクターブ高い」ということに　なります。
音は空気が　ふるえておこります。
1びょう間に　空気がふるえる回数を　「しゅうはすう」といいます。
音の高さの　ちがいは、しゅうはすうで　きまります。
しゅうはすうが　ばいになると、1オクターブ上の　音になります。

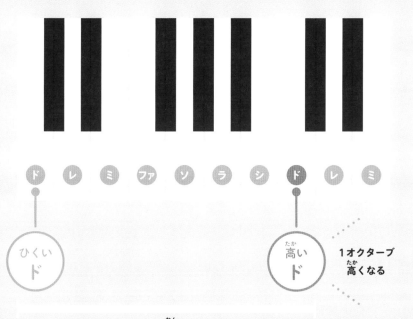

8音

Q 合しょうすると
きれいに聞こえるのは
どうして？

A 高さのちがう　声が、
合わさるからだよ。

ネコとオンドリの　声の高さが　ちがうように、
人間も、人によって　声の高さが　ちがいます。
女の人だと　とても　高い声が　出る人が　いたり、
男の人だと　とても　ひくい声が　出る人が　いたりします。
合しょうするとき、声の高さで、
ソプラノ・アルト・テノール・バス
という　4つのパートに　分かれて歌うと、
うつくしいハーモニーが　できます。

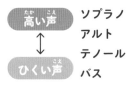

高い声　ソプラノ
　　　　アルト
↕　　　テノール
ひくい声　バス

がっき（20ページ、23ページ）をつくって
えんそうや　合しょうをしてみよう。

おやゆびひめ

チューリップの　花の中から　生まれた
小さなかわいい　おやゆびひめ。
ある日、ヒキガエルにさらわれて　しまったよ。
その先で　出会ったのは、メダカにコガネムシ、
ネズミにツバメ……たくさんの　動物や植物たち！
きみも、おやゆびひめといっしょに
動植物の　ふしぎを知る　たびに出かけよう！

どうわを
かがくで
なぞとき！

動植物のふしぎ ≫ **34**ページ

おやゆびひめは、チューリップの　はなの
なかから　うまれた、ちいさな　おんなのこ。
　ある　ばん、くるみのみの　からの　ベッドで
ねている　うちに、
ヒキガエルに　さらわれて　しまいました。

「しくしくしく……ここは　どこ？」
　おやゆびひめが　はすの　はの　うえで
ないて　いると、メダカたちが　はすの
くきを　かみきって　にがして　くれました。

　けれども、こんどは　コガネムシに　さらわれて、
もりに　おきざりに　されて　しまいました。

「ひとりぼっちかい？　うちへ　おいで。」
　おやゆびひめは　しんせつな　ネズミの　いえで
くらす　ことに　なりました。

　ある　とき、おやゆびひめは　けがを　した
ツバメを　みつけました。
「はやく　よく　なってね。」
　おやゆびひめは、いっしょうけんめい
ツバメの　せわを　しました。

「ありがとう。げんきに　なったよ！」
　ツバメは　けがが　なおると、
どこかへ　とんで　いきました。

「やさしい　おやゆびひめ。おかねもちの　モグラと
けっこんして　しあわせに　なりなさい。」
　ある　ひ、ネズミが　いいました。
　おやゆびひめは、かなしく　なりました。
　なぜなら、モグラは　おひさまが　だいの　にがて。
　つちの　なかの　とても　くらい　いえに
すんで　いたからです。
「モグラさんと　けっこんしたら、もう　おひさまを
みる　ことが　できなく　なって　しまうわ……！」

おやゆびひめが　ひとりで　ないて　いると、
まえに　たすけた　ツバメが
とんで　きて　いいました。
「ぼくの　せなかに　のって　ください。
おひさまが、もっと　かがやく
はな　いっぱいの　くにへ　いきましょう！」

おやゆびひめは、ツバメに　のり、
はなの　くにへ　いきました。

そこで、はなの　せいの　おうじさまと
けっこんし、しあわせに　くらしました。

Q チューリップって どんな　お花なの？

A 春に　さく花で、 きゅうこんから　そだつよ。

きゅうこんの形は　タネとちがうね。

チューリップは　ユリのなかまで、
春に　さく　きゅうこん植物です。
きゅうこんは　タマネギのような　形をしています。
10月なかばから　12月はじめごろまでに　うえると、
3月から5月にかけて　花がさきます。

きゅうこん

チューリップは　タネから
そだてると　花がさくまでに
何年もかかります。そこで、
地めんの中で、あらかじめ　タネから
きゅうこんをそだてます。
えいようを　たっぷりとたくわえた
きゅうこんは、春になると、
きれいな花がさきます。

Q モグラが　日の光が　にが手なのは、どうして？

A 目が　ほとんど見えず、地上は　きけんだからだよ。

モグラは　トンネルをほって　土の中にいる　ミミズやこん虫を
さがして、エサに　しています。くらやみの中で　生きているため、
目はありますが、ほとんど　ものが見えません。
土の中は　モグラのてきが　いないので、あんぜんです。
しかし、日の光が　さす地上に　出ると、
モグラを　エサにする　てきが、たくさんいます。
目が見えないと　つかまりやすく、きけんです。

目は　とても小さいけれど、
土をほるための　手は大きいね。
目が　小さいのは、土が
目に入らないように
するためでもあります。

どうして　見えないんだろう？

動物の いろいろな進化

モグラが 土の中で 生きるために、
目が小さく、ものが よく見えない
体になったように、生き物は、
かんきょう（くらすばしょ）に合わせて
体のとくちょうを かえてきました。
このことを「進化」といいます。

ウマ

ウマ

ウマは草食動物です。家ちくとして、
むかしから 人にかわれてきました。
走るのが はやく、レースに出たりもします。

肉食動物から にげるため、
中ゆびをのこし、ほかのゆびを
なくすことで はやく走れる
ようになりました。

ニシキヘビ

ヘビ

ヘビは、は虫るいで トカゲと近い 動物です。
体は とても細長く 足はありません。
世界に やく2700しゅるい います。
冬は、とうみんします。

ヘビのそ先には 足がありましたが、
土の中や、せまい場所に
入りやすくするために
足がなくなったと 考えられています。

空をとぶためのつばさが、
およぐのに てきした形に進化し
海中でエサを たくさん
とれるようになりました。

ペンギン

ペンギンは、ほとんど海の中で すごします。
多くが 南きょく近くにすんでいますが、
チリなどの あたたかいところにすむ
ペンギンもいます。

キングペンギン

Q

ツバメって　どこから
来(き)て、どこに行(い)くの？

日本(にほん)

A

日本(にほん)と　南(みなみ)の国(くに)を
行(い)き来(き)しているよ。

フィリピン

マレーシア

インドネシア

日本(にほん)で見(み)かける　ツバメは、
冬(ふゆ)になると　フィリピンやマレーシア、
インドネシアなど、東南(とうなん)アジアの国(くに)に
とんでいきます。さむくなると
日本(にほん)には　エサになるこん虫(ちゅう)が　いなくなるため
こん虫(ちゅう)がいる　あたたかい国(くに)に　とんでいくのです。
春(はる)になると　エサをとりあう　ライバルが少(すく)なく
ヒナをそだてやすい　日本(にほん)に　やって来(き)ます。

ねながら　とんでいる!?

日本と東南アジアの　間は、およそ数千kmと
とても遠く　はなれています。
ツバメは、数日から100日かけて、
休まずに　ずっと、海の上を　とんでいます。
じつは、半分ねながら　とんでいるのです。
かた目をとじると、とびながらでも
のうを　半分だけ　ねむらせることが　できるのです。

海の上じゃ　休めないもんね…。

やってみよう!

ツバメの巣を　さがしてみよう

ツバメは、人のすむ家や　お店などに、おわんのような形の
巣を　つくります。人がいない　場所だと、
てきに　ねらわれやすいので、人のいる　場所をえらぶのです。
ツバメの巣は　どろやわらを
つかってつくります。
前年に　つくった巣や、
こわれかけた巣に手をくわえて、
その年を　すごすための
巣をつくります。

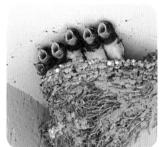

ヒナたちは巣で、親がエサを
もってくるのを　まっています。

ジャックと
まめのき

ある日ジャックが　手に入れたのは、まほうのまめ！
いったい　どんなまめ　だったんだろう？
どこまでのびたら、雲に　とどくんだろう？
ワクワク、ドキドキの　お話を楽しんだら、
かがくで　もっとワクワク、なぞとき　してみよう！

どうわを
かがくで
なぞとき！ 雲のふしぎ ≫ 46ページ

まずしい　いえの　こども、
ジャックが　おかあさんの　いいつけで
うしを　うりに　でかけました。
　ところが　とちゅうで　であった
おじいさんに　たのまれて、
うしと　まほうの　まめを
とりかえっこして　しまいました。

　ジャックが　まめを　もって　かえると、
おかあさんは　かんかんです。
　まどから　まめを　なげすてて　しまいました。

つぎの　あさ、まほうの　まめは、
おおきな　まめの　きに　なりました。
　ジャックは　びっくり。
「くもまで　のびて　いる！　のぼって　みよう！」

　くもの　うえには、おそろしい
おおおとこの　いえが　ありました。
　おおおとこの　たからものは、
きんの　たまごを　うむ　めんどりや
うたを　うたう　たてごとです。
　ジャックは　おおおとこが　ねて　いる　あいだに
たからものを　もって　にげだしました。

♪たいへんですよ〜
ごしゅじんさま〜！
　たてごとの　うたを　ききつけて、
おおおとこが　おって　きます。
　ジャックは　いそいで　まめの
きを　つたって　おりました。

それから、おので　まめの　きを　ばっさり！
ドッスーン！
　おおおとこは　じめんに　おちて、
にどと　いきを　しませんでした。
　ジャックと　おかあさんは、たからものの
おかげで　しあわせに　くらしたと　いう　ことです。

Q ジャックが　もち帰った
「まめ」は　どんなまめ？

A 大きいまめが　なる
ナタマメかもしれないね。

いろいろなまめが　あるよね。

『ジャックとまめのき』に　出てくるまめの
モデルといわれる　ナタマメは、
とても大きな　まめです。
まめが　入っているさやは
50cmぐらいの　大きさにもなります。
ツルがのびて　大きくそだちます。

大人の手より
大きい
ナタマメのさや。

「ジャックとまめの木」という
名前の植物もあります。
オーストラリアンビーンズ、
ブラックビーンとも
よばれています。
そだつと　高さ
40mぐらいに　なります。

ほかに　どんなまめが　あるの？

アズキ

あんこにつかわれる
小さな　赤いまめ。
日本では、縄文時代のいせき
から　見つかっています。

エンドウマメ

世界で　もっとも古くから
さいばいされていると　いわれます。
まめがそだつ　前のさやを
早くしゅうかくした　ものが
さやえんどう、よくそだってから
しゅうかくしたものが
グリーンピースです。

ダイズ

とうふ、しょうゆ、みそなど
いろいろな食べ物の
原りょうになります。

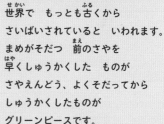

エダマメ

みどり色のまめ。
ゆでて　食べることが　多いです。
さやがかれるまで　まつと
ダイズになります。

ヒヨコマメ

ヒヨコのような　形をした
まめ。かんそうさせてから
しゅうかくを　します。

まめをつかった　りょうり

まめは　さまざまな色や形、
大きさがあり、
いろいろなりょうりに
つかわれています。

おせきはん　　インドのまめカレー

ツルは　どうやってのびるの？

ツルは、上にのびていくものや、地めんを　つたうものが
あります。光を　たくさんあびようと　はしらなどに　まきつきながら
上へ上へと　のびていく植物は、グリーンカーテンとして
よくそだてられています。

ゴーヤー

ヒョウタン

ヘチマ

やってみよう！

しん長よりも　うんと高い　グリーンカーテンをつくろう

ヘチマや　ヒョウタンのタネ、
キュウリを　うえてみましょう。
ツルをからませる　ネットや
しちゅうを立てて　うえると
どんどん上に　のびていきます。
夏の　あつい日には、太陽の光を
やわらげる　カーテンのやくわりを
してくれます。クーラーなどの
電気エネルギーを　せつやくできて、
地球にやさしいですね。

ツルの先はこんなかんじ！

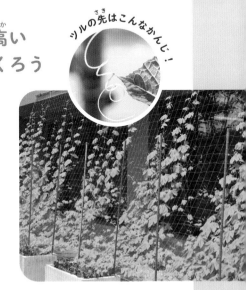

Q 雲の上に　のってみたい！

A のるのは　むずかしい
けれど、雲の中は
通りぬけられるんだよ。

 中は　まっ白なのかな？

空のひくいところに
できる雲を「きり」といいます。
山の中ふく（ふもととちょう上の　中間）
あたりで　きりに　出会ったことが
あるかもしれません。
その山を　遠くから　ながめると
山の中ふくに
雲が　かかって見えます。

まっ白で見えない！

雲だ！

Q お話の「まめの木」は、
どれくらいの
高さまで　のびたの？

A わた雲なら　2000m
くらいの　高さだよ。

空の上にいる　気分になれる「雲海」

「雲海」とは、山のちょう上や
ひこうきなど　高いところから
見下ろしたとき、雲が海のように
広がっている　ようすのことです。
ジャックが　おり立ったのも、
雲海かも　しれませんね。
富士山からも　よく見られます。

東京スカイツリー
634m

世界で
一番高い木

セコイアメスギ
115m

人間（大人）
175cm

東寺の五重塔
55m

雲は　うんと　高いところに　できる

雲までとどいた「まめの木」は、
どれくらいの高さまで　のびたのでしょうか。
雲のしゅるいによって、高さはちがいます。
いろいろなものの高さを　くらべましょう。
雲がどれくらい　高いところに
あるのかが　わかるかな。

入道雲のてっぺん
13000m

雨雲
2000〜7000m

富士山
3776m

世界で
一番高い山
エベレスト
8849m

わた雲
地上〜2000m

こんなにある！　雲のしゅるい

雲は、国際気象機関（WMO）によると　10しゅるいに　分けられています。
雲の名前から　とくちょうがわかります。「巻」は　空の高いところ、
「高」は　5000mくらいの　ところにできる　雲につく　ことばです。
「層」は　広がった形を　あらわします。「積」は　つぶつぶやモコモコの　形を
あらわします。そして「乱」は　雨を　ふらせる雲の　名前につきます。

すじ雲

ふでで　はらったような
すじのような雲。
「巻雲」ともいいます。

［ 雲ができる高さ ］
5000〜13000m

かみなり雲

空にむかって　もくもくと
のぼっていく　白い雲。
「入道雲」や「積乱雲」とも
よばれます。大雨をふらし、
かみなりを鳴らします。

［ 雲ができる高さ ］
地上〜13000m

おぼろ雲

空ぜん体に　広がる
はい色の雲。
空が　はい色に見えます。
「高層雲」ともいいます。

［ 雲ができる高さ ］
2000〜7000m

うね雲

白やはい色の　大きな雲のかたまりが
たくさんならんだように　見えます。
「層積雲」ともいいます。

［ 雲ができる高さ ］地上〜2000m

うろこ雲

魚のうろこのような 形の雲。
「巻積雲」ともいい、
秋の空に よくあらわれます。

［雲ができる高さ］5000〜13000m

ひつじ雲

もこもことした 雲。
「高積雲」ともいいます。

［雲ができる高さ］
2000〜7000m

うす雲

空ぜん体に うすく広がります。
雲の後ろに 太陽や月が 見え、
丸い光の ・わが できることも
あります。「巻層雲」ともよばれます。

［雲ができる高さ］5000〜13000m

雨雲

ぶあつい雲。昼でも
どんよりと くらくなります。
雨や雪を ふらせます。
「乱層雲」ともいいます。

［雲ができる高さ］
2000〜7000m

わた雲

晴れた空に うかぶ わたのような 形の雲。
太陽の日ざしで 地めんがあたたまり、
上しょう気りゅう（上にのぼる空気のながれ）が
はっ生すると できます。「積雲」ともいいます。

［雲ができる高さ］地上〜2000m

きり雲

きりのような 雲。
地めん近くに できるものは、
きりといいます。「層雲」ともいいます。

［雲ができる高さ］地上〜2000m

「金のたまご」の大きさは？

A ニワトリと同じなら5〜6cm くらいだよ。

たまごの大きさは、鳥のしゅるいによって さまざまです。
よく手に入る ニワトリのたまごは、長さ5〜6cmくらいです。

金のたまごは いくらになる？

お話のめんどりの うむたまごの
金のおもさが 60gだったとします。
金のねだんは、毎日かわりますが
もし1gで 1万円とすると、
60g×1万円＝60万円。
たまごが1こで 60万円って、すごいね！

ニワトリのたまご

ニワトリのたまごの
半分の大きさ

ウズラのたまご

ニワトリのたまごの
3ばいの大きさ

ダチョウのたまご

ダチョウのたまご
長さは やく16cm。
おもさは やく1.6kg。

ニワトリのたまご
Mサイズの
長さは 5〜6cm。
おもさは 58〜64g。

ウズラのたまご
長さは やく3cm。
おもさは 9〜11g。

3びきの
こぶた

3びきの　こぶたのきょうだいは
わらの家、木の家、レンガの家を　つくったよ。
わたしたちの家は、何で　できているのかな？
じょうぶに　つくるには、どうしたらいいの？
たてもののふしぎを　見てみよう！

どうわを
かがくで
なぞとき！　　　たてもののふしぎ ≫ 61ページ

こぶたの　3きょうだいが、
それぞれ　じぶんの　いえを　たてました。
　1ばんめの　こぶたが　つくったのは、
かるくて　かんたんな　わらの　いえ。
　2ばんめの　こぶたが　つくったのは、
やはり　かんたんな　きの　えだの　いえです。

3ばんめの　こぶたは、どっしりと　した
レンガの　いえを　つくりました。
「ふぅ。レンガは　おもくて、つむのに
じかんが　かかったよ。やっと　できた！」

ある　ひ、おおかみが　やって　きました。
「うまそうな　こぶただ。くって　やろう。」
　おおかみは、わらの　いえに　いきを
ひゅーっと　ふきかけました。
　すると、わらの　いえは、ばらばらに
ふきとんで　しまいました。
「たすけて！」
　１ばんめの　こぶたは、２ばんめの
こぶたの　いえに　にげこみました。
　おいかけて　きた　おおかみは、
きの　えだの　いえにも　いきを　ぴゅ──！
　さっと　ふきとばして　しまいました。

　2ひきの　こぶたは、3ばんめの
こぶたの　いえに　にげこみました。
　おおかみは　また　おいかけて　きて、
レンガの　いえに　いきを　びゅーっ！　びゅーっ！
「ハァ、この　いえを　ふきとばすのは　むりだ。
えんとつから　はいって、
こぶたたちを　くって　やろう。」

3ばんめの　こぶたは　いそいで
おおなべに　みずを　いれ、
だんろの　ひで　ゆを　わかしました。

ジャッボ———ン!!

おおかみは、えんとつから
おおなべに　おっこちて、
「あちちちち!」と、にげていきました。
　3びきの　こぶたは、レンガの　いえで
ずっと　なかよく　くらしました。

かがくでなぞとき！
**3びきの
こぶた**

たてもののふしぎ
こぶたたちの家は　オオカミに　こわされて
しまったけれど、強い家って　つくれるのかな？

Q　わらの家、木の家、
レンガの家って
どんな家？

A　それぞれとくちょうが
あるよ！

家をたてる
ざいりょうは　さまざま

人間は、大むかしから、
石や木や草や　動物の毛がわなど
いろいろなものを
つかって　家をつくって　きました。
それぞれ　すぐれたところや
ふべんなところが　ありますが、
すむ場所の　あつさやさむさ、
雨の多さなどに　合わせて
人間が気もちよく　すごせるように
くふうしています。
つぎのページで
くわしく見てみましょう。

わらの家は
すぐできるよ！

木の家は
かんたんだよ！

レンガの家は
つくるの
たいへん！

61

それぞれすごい！　家のざいりょう

わらの家

わらの家は　空気をよく通し、
夏にすずしく、冬はあたたかい
という　とくちょうがあります。
わらは　いねや麦の　くきを
ほしたものです。1年でそだち、
しゅうかくできるので、
手に入りやすい　ざいりょうです。

やねが　わらでできた家。
わらをたくさん　つかっています。

木の家

木の家は、へやのおんどや
しつどを　長い時間　同じに
たもちやすく、夏はすずしく
冬はあたたかく　すごせます。
わらよりも強く、2かいだてに
することもできます。

木は　世界中で　家のざいりょうに
つかわれています。

レンガの家

レンガは、土をかためて
やいてつくります。土はわらや
木とちがって　もえにくいので
火に強い　家ができます。
また、わらや木より
長もちするのも　とくちょうです。

かんそうする外国では、レンガをつくりやすく、
よく　家のざいりょうに　つかわれます。

Q

3びきのこぶたが
みんなでひとつの
家をつくったら？

やねはわら

A

それぞれの
とくちょうを生かす
家を　考えてみよう！

かべとゆかは木

夏にすずしく　冬にあたたかく
すごせるように　木をつかって
ゆかなどを　しっかりとつくり、
火に強いレンガでキッチンをつくります。
さいごに　かるいわらを　つかって、
冬にあたたかい家にするために
やねをつくりましょう。
きっと、じょうぶで
一年中すごしやすい　家ができます。

火に強いレンガのキッチンも

日本（にほん）ですむなら　どんな家（いえ）がいい？

日本（にほん）は、地（じ）しんと台風（たいふう）が　多い国（おおくに）です。地（じ）しんや台風（たいふう）のときに
こわれにくいのは　どのざいりょうでしょうか。

わら

○ 地（じ）しん

かるい「わらの家（いえ）」が
あんしんです。もしこわれても、
家（いえ）に　おしつぶされる心（しん）ぱいが
少（すく）なくすみます。

✕ 台風（たいふう）

かるい　わらの家（いえ）は、台風（たいふう）のような
強（つよ）い風（かぜ）だと、ふきとばされて
しまうかもしれません。

レンガ

✕ 地（じ）しん

レンガの家（いえ）は、一見（いっけん）
がんじょうそうですが、
地（じ）しんのゆれでは　くずれる
心（しん）ぱいがあります。

○ 台風（たいふう）

レンガの家（いえ）は、台風（たいふう）の風（かぜ）では
びくともしないほど
がんじょうです。

木（き）

○ 地（じ）しん・台風（たいふう）

木（き）の家（いえ）は、地（じ）しんにも台風（たいふう）にも
てきどに　強（つよ）い家（いえ）です。

日本（にほん）では
木（き）が
合（あ）っている！

Q 高いとうは地しんで　たおれないの？

A 大むかしの「心柱」のぎじゅつを生かしているよ。

とっても　高くても
たおれないのかな？

京都府の　東寺の五重塔や、
奈良県の　法隆寺の五重塔には
中心に「心柱」とよばれる
柱があり、地しんのゆれを
おさえています。高さ634mある
東京スカイツリーも
同じような柱が　中心にあり、
大きな地しんにも　たえられる
ように　なっています。

五重塔

五重塔と同じように
とうの中心に、
鉄きんコンクリートで
できた心柱があります。

法隆寺の五重塔は、千年いじょう前に
たてられましたが、地しんでは、
いちども　たおれたことは　ありません。

3Dプリンターで 家を つくる

いまや、世界の国ぐにで
3Dプリンターで 家をつくる
ちょうせんがされています。
地しんなどの さいがい時の
かせつじゅうたくなどを
すばやくたてることが できれば、
ひがいに あった人たちの
くろうをへらすことが
できるでしょう。
これからもさらに くふうされて、
長くすめる家が
できることでしょう。

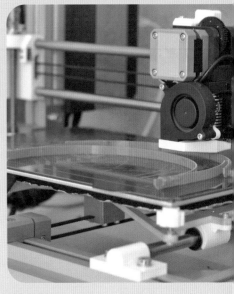

3Dプリンターは データをもとに
立体の形を つくります。写真は、
フェイスガードのぶひん。

やってみよう!

紙で 高いとうを つくってみよう

新聞紙1まい（画用紙やコピー用紙
2、3まいでもよい）をつかって、
高いとうを つくってみましょう。
つかっていい道ぐは、はさみだけ。
セロハンテープや のりなどは つかわずに、
どれだけ 高いとうを つくれるかな？
いろいろな方ほうを ためしてみよう！

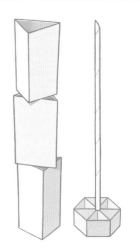

にんぎょひめ

海の中を　じゆうに
およぎまわっていた　にんぎょひめ。
ある日　王子さまに出会い、声とひきかえに、
人間になる　くすりをもらったよ。
でも人間は、魚のように　スイスイおよげないし、
海の中で　いきもつづかない。

どうしてこんな　ちがいがあるのかな？

どうわを
かがくで
なぞとき！　　　魚のふしぎ ≫ 75ページ

15さいに　なった　ひ、
うみの　そこに　すむ　にんぎょひめは、
はじめて　なみの　あいだから　かおを　だしました。
「まあ、すてきな　ひとが　いるわ！」
　ふねの　うえの　おうじを　みて、
にんぎょひめは、うっとり。

ところが　きゅうな　あらしで、
おうじは　ふねから　うみへ　おちて　しまいました。
　にんぎょひめは、まよわず　おうじを　たすけ、
はまべに　はこびました。

　　そこへ　にんげんの　むすめが　やってきました。
にんぎょひめは　あわてて　かくれ、
うみの　そこへ　もどって　いきました。

「わたし、にんげんに　なって、
また　おうじさまに　あいたいわ！」
　にんぎょひめは、じぶんの　こえと　ひきかえに
にんげんに　なる　くすりを
まじょから　もらいました。

　まじょは、
「その　くすりを　のめば、あるく　たびに
あしが　いたむよ。おうじと
けっこんできなければ、おまえは　あわに　なって
きえるよ。それでも　いいのかい？」
と、ちゅういしました。

「ええ。それでも　よいのです。」
　にんぎょひめは　くすりを　のむと、
あしの　いたみを　こらえながら
おうじの　いる　しろへ　むかいました。

おうじは、こえの　でない　にんぎょひめに
やさしく　して　くれました。けれど、
たすけて　もらった　ことには　きづきません。

　それどころか、
はまべに　きた　にんげんの　むすめが
じぶんを　たすけて　くれたのだと　おもいこみ、
その　むすめとの　けっこんを
きめて　しまったのです。

　よる、にんぎょひめが　うみを　ながめて　いると、
にんぎょひめの　おねえさんたちが、けんを
さしだして、いいました。
「これで　おうじの　しんぞうを　さして。
そうすれば、おうじと　けっこん　できなくても、
あなたは　きえず、にんぎょに　もどれるのよ！」

（あいする　ひとを　さす　ことなど　できないわ。）

　にんぎょひめは、おうじの　しあわせを　ねがい、
うみに　とびこみました。
　すると、あわに　なって　きえずに、
かぜの　せいと　なって、
そらへ　のぼって　いったのです。

Q 魚は りくで、人間は
水中で いきが
できないのは なぜ？

A 人間は はいで、
魚は えらで
いきをするからだよ。

みなさんは、口や鼻で いきをすったり、
はいたりしていますね。これを「こきゅう」といいます。
生き物はみな こきゅうをしないと 生きていけません。

りく上でくらす 人間や動物の 多くは、
「はいこきゅう」をしています。
水の中で くらす魚の 多くは、
「えらこきゅう」をしています。
2つのこきゅうは、
しくみがちがいます。
つぎのページで
くわしく見てみましょう。

「はいこきゅう」って？

人間が　鼻や口から　すいこんだ
空気は、のどや気かんを　通って
はいに入ります。
はいでは、すいこんだ空気から
さんそを　体にとり入れます。
かわりに　にさんかたんそを
外に　はいて出します。

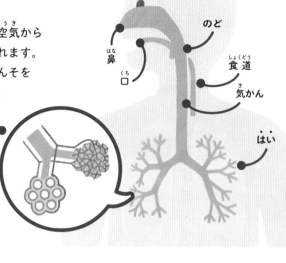

はいほう

はいほうは、はいの中に
ある　小さなふくろです。
この中で　さんそと
にさんかたんそを
こうかんしています。

「えらこきゅう」って？

魚は、口から　水をすいこみ、
水の中にある　さんそを
えらを通して体に　とりこみ、
にさんかたんそを　出しています。
水の中の　さんそは
とても少ないのですが
えらで　なるべく多く　とりこみます。

えら

魚の頭の　りょうがわにあります。
えらには、くしのようなはが　ついています。
えらに　はがついていることで、よりたくさんの
さんそを　とりこむことができます。

えら

Q 人は、およぐとき
手足をどのように
うごかせばいいの？

A 足で　水をうったり
手で　水をかいて
前に　すすむよ。

水に　うくだけでは
前に　すすまないんだね。

人間は、手や足を　うごかさないと、
水中では　前に　すすむことが　できません。
手を、遠くにあるものを　とるように　うごかすことを
「水をかく」といいます。人間は、手でしっかり
水をかきながら　足もいっしょにうごかすことで、
水中でも　はやく遠くに　すすむことが　できます。

クロール（ばた足）の　手足って
どうなっているの？

足首の力を　ぬいて、足のおもてと　うらで　水をうちます。
足は　できるだけ　まっすぐにして　うごかすようにします。

クロール ••••••••••••••••••••••••••••••••••••

[手のうごき]
遠くにある
ものをとるように
手をかく

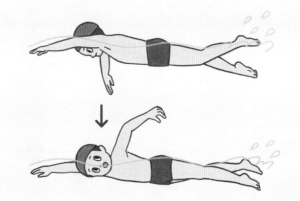

[足のうごき]
足はまっすぐで
ばた足

水中の生き物は
こうやっておよぐ〈イルカのばあい〉

イルカは、おびれを　上と下に　うごかして　すすみます。
このうごきは、バタフライという　およぎ方の
足のうごきと　同じです。
これを　ドルフィンキックといいます。

平およぎの 手足って どうなっているの？

足首をまげて、足のうらを 後ろにむけます。

かかととおしりを くっつけるように ひざをまげたら

ばねのように ひざをのばし、水をけって すすみます。

平およぎ ● ● ● ● ● ● ● ● ● ● ● ● ● ● ● ● ● ● ●

[手のうごき]

手のひらで水をかき
円をかくように
うでを回す

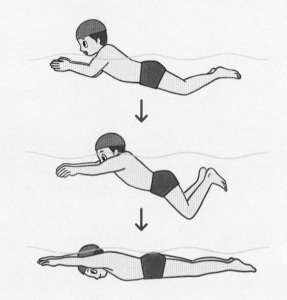

[足のうごき]

❶ひざをぐっとまげる

❷手と足をまっすぐに
のばす

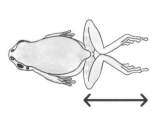

水中の生き物は
こうやっておよぐ〈カエルのばあい〉

カエルは、足を ばねのように

つかっておよぎます。

足をとじる いきおいで 前にすすみます。

Q どうして魚は はやくおよげるの？

A 水の 「ていこう」を へらすようにしている からだよ。

水は、前にすすもうとすると　ぎゃくむきに　おし返してきます。
これを　「ていこう」と　いいます。コイやマグロのように
はやくおよぐ　魚は、ていこうを　へらすために、
つかわないひれを　体に　ぴったりとつけて
とびださないようにして　おびれで　およぎます。

おびれを
うごかしてはやく
およぎます

ひれは
ぴったりと
くっつける

人間の手と　魚のおびれを　もつ
人魚は　とても　はやかったかも？

船をつくって
きょうそうしてみよう

先がとんがっている船と、
平らな船を　つくって
きょうそうしてみましょう。
どっちが　はやくすすむかな？

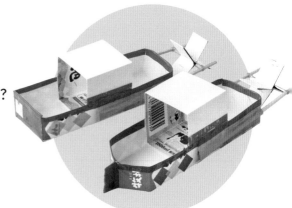

よういするもの

・牛にゅうパック
（1L）…2本

・わゴム…2本

・わりばし…2ぜん

・はさみ　　・テープ ※水にぬれてもはがれない
ビニールテープがよい。
・ホチキス

やりかた

1

牛にゅうパックを1本、口のあいたほ
うからたて半分に切ります。

2

①で切ったパックの、ひとつを先を平
らにおりこみ、もうひとつは先をとが
らせて、それぞれホチキスでとめます。

魚のふしぎ

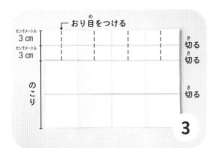

おり目をつける

3cm

3cm

のこり

切る
切る
切る

3

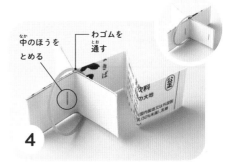

中のほうをとめる

わゴムを通す

4

もうひとつのパックをひらき、そことそそぎ口を切りおとします。3cmはばのおびを2まい切り、おり目をつけます。のこりは半分に切ります。

3cmはばのおびをおって、まん中にわゴムを通します。ホチキスでとめて、スクリューにします。

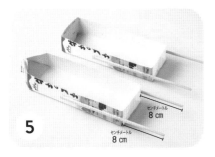

8cm

8cm

5

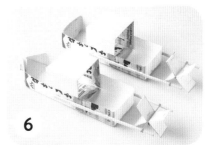

6

②のパックのりょうがわに、わったわりばしを、後ろに8cm出るように、テープでしっかりはりつけます。

③でのこった2まいで四角をつくり、船にテープではりつけます。わりばしの先に、スクリューのわゴムをとめます。

なんでスピードがちがうの？

船の先が とがっていると水のていこうが少ないので、はやくすすみます。
平らだと、水のていこうをうけて、少しスピードがおそくなります。

スクリューをよくまいてから、水にうかべると、すすむよ！

アリと
キリギリス

きみは　げんじつの世界で、
アリやキリギリスを　見たことがあるかな？
アリは、あつめたエサを　どこに　はこぶのかな？
キリギリスって、どんな　鳴き声なのかな？
こん虫たちのふしぎを　のぞいてみよう。

どうわを
かがくで
なぞとき！
 こん虫のふしぎ ≫ 90ページ

おひさまが　ぎらぎら　てる　なつ。
アリたちが　たべものを　せっせと
はこんで　います。

「アリさんたち、こんなに　あついのに
よく　はたらけるねえ。」
　くさむらで　うたを　うたって
あそんで　いた　キリギリスが　わらいました。

「いまの　うちに　たべものを
たくさん　あつめて　おくんですよ。
ふゆに　なったら、たべものが
なくなって　しまいますからね。」
　アリが　こう　こたえても、
「さきの　ことなど　しらないさ！」
　と、キリギリスは　おおわらい。

なつが　すぎ、あきに　なっても、
キリギリスは　あそんでばかり。

やがて、ふゆが　やってきました。
　くさが　かれ、つめたい　かぜが　ふく　なかで、
　キリギリスは　ぶるぶる　ふるえながら
つぶやきました。
「うう、さむい。それに　おなかが　ぺこぺこだ。
たべる　ものが　なんにも　ないぞ……そうだ！」

キリギリスは
アリの　いえに　いき、たのみました。
「たべものを　ちょっと　わけて　くれないかい？
きみ、たくさん　あつめて　いただろう？」

　アリは　あきれました。
「キリギリスさん。あなたも　ちゃんと
はたらいて　おけば、いま、たべものに
こまる　ことは　なかったのにね……。」
　やがて　ふりだした　ゆきが、
キリギリスの　せなかに　じわじわ
つもって　いきました。

かがくでなぞとき！
アリと
キリギリス

こん虫のふしぎ

アリやキリギリスって、どんな虫かな？
鳴く虫って　ほかにもいるのかな？

Q キリギリスって どんな虫？

A 日本では、夏から秋に 見られる　こん虫だよ。

バッタと　にている？

キリギリスは、夏から秋にかけて、日本全国の　川原や田んぼ、
草むらなどにいる　こん虫です。キリギリスとバッタを　かんたんに
見分けるには、ひげ（しょっかく）の長さに　注目しましょう。
体長（体の長さ）よりも　ひげが長ければ　キリギリス、
みじかければ　バッタであることが　多いです。

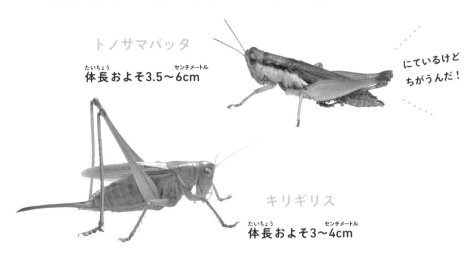

トノサマバッタ
体長およそ3.5～6cm

にているけど
ちがうんだ！

キリギリス
体長およそ3～4cm

チョッ
ジーチョン！

羽をこすり合わせて　鳴く

キリギリスやコオロギの　なかまは、
前羽をこすり合わせて　音を出します。
バッタのなかまは、前羽と後ろ足を
こすり合わせて　音を出します。
キリギリスの鳴き声は、
「チョッ　ジーチョン」と聞こえます。

羽と羽をこすり合わせているよ

虫たちが　鳴くりゆう

虫が鳴くのは、じつはオスだけです。
メスは鳴きません。
オスが鳴くのは、ケンカのため、
メスをさそうため、なわばりのアピール
など、さまざまなりゆうが　あります。

なわばりアピールをする
キリギリス

メスにアピールする
キリギリス

91

Q キリギリスのほかに
歌がうまい　虫は　いる？

A たくさんいるよ！

 虫の声って　とてもきれいだよね。

秋の虫の声を聞いてみよう

キリギリスは、夏の昼間に
鳴き声が　聞こえることが　多いです。
秋になると、スズムシ、マツムシ、
コオロギ、クツワムシ、ウマオイなど
「虫のこえ」という　歌でも
歌われている　虫たちが鳴きます。
虫たちが　秋に鳴くのは、
冬にたまごを　うむために
秋に　けっこんあいてを
さがしているからです。

🎵 虫のこえ （文部省唱歌）

あれ　松虫が鳴いている
ちんちろちんちろ　ちんちろりん
あれ　鈴虫も鳴き出した
りんりんりんりん　りいんりん
秋の夜長を　鳴き通す
ああ　おもしろい虫のこえ

きりきりきりきり　こおろぎや
がちゃがちゃがちゃがちゃ　くつわ虫
あとから馬おい　おいついて
ちょんちょんちょんちょん　すいっちょん
秋の夜長を　鳴き通す
ああ　おもしろい虫のこえ

チッチリリ、
チッチリリ

マツムシ（松虫）

リーン、リーン

スズムシ（鈴虫）

リリリッ、
リリリッ

コオロギ（こおろぎ）

ガチャガチャ

クツワムシ（くつわ虫）

スイーッ、
チョン

ウマオイ（馬おい）

Q アリの おうちの中は どうなっているの？

A クロナガアリの 巣の中を 見てみよう！

たくさんの へやがある！

アリは、さまざまなしゅるいがいて
いろいろです。ここでは巣に、エサをたくわえる
クロナガアリの 巣の中を 見てみましょう。
地めんのひょうめんに 出入り口をつくり、
地下に ふかく大きな あなをほって 地中に
いくつにも えだ分かれした へやをたくさん つくります。

アリは食べものを巣にためこまない！？

多くのアリは　食べものをあつめても、じつはすぐに　その場で　食べきります。

そのアリが　たくわえたように　同じ巣にすむ　ほかのアリにも　分けます。

ですから、巣をさがしても、ためた食べものは　見つからないことが　多いです。

赤ちゃんのへや

巣の中で　たまごをうむのは、女王アリだけです。

ほかのメスの　はたらきアリは、女王アリがうんだ　たまごをそだてます。

よう虫（アリの赤ちゃん）のへやは、いくつもあります。

食べものへや

クロオオアリの巣には　地上でとった　食べものを　ためておく　へやがあります。

多くのアリは、こん虫をエサにします。クロオオアリは　植物のタネをエサにして　巣にためこみます。

女王アリのへや

女王アリのへやでは、1ぴきの女王アリが、数百このたまごを　毎日うみます。つまり、1年間で何万びきもの　はたらきアリの赤ちゃんが　生まれるのです。

アリの巣の中を　見てみたい！

アリの巣の　かんさつキットをつかったり、
自分でつくってみましょう。とうめいなケースに、土とエサ、
アリたちを　引っこしさせると、アリたちは、巣をつくります。

アリたちが、
巣をつくる　ようすが見える
アリの巣かんさつキット

クリアケースをつかって、
つくることもできます。
あつ紙のケースに入れて、
くらい土の中と
同じにすると、アリは
巣をつくります。

画像提供　銀鳥産業㈱

かんがえてみよう

きみは　アリタイプ？
キリギリスタイプ？

コツコツと
こんきよく　がんばる人は、
アリタイプ。
ぱっと　思いついたことを
すぐやる人は、
キリギリスタイプ。
きみはどっちかな？

おりひめと
ひこぼし

1年に1どの　七夕の日しか　会えなくなった
おりひめとひこぼしの　お話だよ。

おりひめとひこぼしは　どこにいるのかな？

どうして会えなく　なっちゃったんだろう？

夜空を見上げて、遠い星のふしぎを　なぞときしよう！

どうわを
かがくで
なぞとき！

宇宙のふしぎ ≫ 103ページ

そらの　うえに　ある
てんの　くにの　おはなしです。
　おりひめは、あまのがわの　そばで、
みんなの　きものを　おる　まじめな　むすめでした。
　ひこぼしも、うしや　はたけの　せわを
ねっしんに　する　はたらきもの。
　ところが　この　ふたり、ふうふに　なった　とたん、
なかが　よすぎて、しごとを　わすれ、あそんでばかり。

「これは　まずい。みんなの　きものが
ぼろぼろだ。うしは　よわり、
はたけは　あれほうだいでは　ないか！」

　おこった　てんの　かみさまは、
あまのがわを　はさむように　して、
ふたりを　ひきはなして　しまいました。

おりひめと　ひこぼしは、さびしくて、かなしくて、
ますます　はたらくことが　できなく　なりました。
　こまった　てんの　かみさまは、
ふたりに　やくそくしました。
「きちんと　しごとを　するならば、
1ねんに　いちど、7がつ　7かの　よるにだけ
おまえたちが　あう　ことを　ゆるそう。」

　おりひめは、まえよりも　うつくしい
きものを　おるように　なりました。
　ひこぼしも、いっしょうけんめい
はたらいたので、うしは　げんきになり
はたけも　いきいきしています。
　みんなは　おおよろこびです。

　おりひめと　ひこぼしは、７がつ　７かの
たなばたの　よるに　なると、あまのがわを　わたり、
しあわせな　ひとときを　すごすように　なりました。
　あめで　かわの　みずが　おおい　ときには、
かささぎと　いう　とりが、つばさを　ひろげ、
はしに　なって　くれるそうです。

かがくでなぞとき！
おりひめと
ひこぼし

宇宙のふしぎ

広くて、ふしぎが いっぱいある 宇宙。
星ってどのくらい 遠くにあるんだろう？

Q 七夕のお話の もとに なっている 星は？

A おりひめはベガ、 ひこぼしはアルタイルだよ。

夏の大三角

七夕のお話の もとになったのは、
「ベガ」と「アルタイル」と
いう星です。こと座のベガ、
わし座のアルタイル、そして
はくちょう座の「デネブ」の
3つの一等星（とくに明るい星）を
むすんでできる 三角形が
「夏の大三角」です

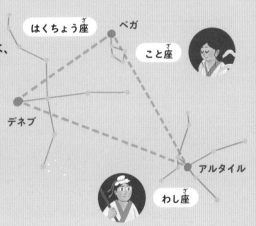

はくちょう座　ベガ
こと座
デネブ
アルタイル
わし座

どこで見られる？

日本では 七夕の夜9時ごろには、東の空に 明るいベガと
アルタイルを 見つけることが できます。
明るい とかいでは 2つの星の 間をながれる
天の川を 見ることは できませんが、
明かりの少ない 場所では、天の川がよく見えるでしょう。

ベガとアルタイルは
どこにあるの？

 A 銀河けいの中にあるよ。

太陽けい

地球は、この太陽けいの中にある。

わたしたちのすむ　地球は
「太陽けい」の
中にあります。太陽けいは
「銀河けい」という
名のついた
銀河の中に　あります。

ベガ、アルタイルも、
銀河けいの　中にあります。

夏の大三角

いがいと近い！？

右の図に、夏の大三角を
ならべてみました。
銀河の中で見ると、
とても近いきょり　どうしですね。

上から見ると…

横から見ると…

太陽けい　銀河けいの中心

やく26000光年

銀河けい中心

天の川は　星の光のあつまり

地球から　銀河けいの　中心を見ると、
とても多くの　星の　光のあつまりが
おびのように　見えます。
これが、天の川の　正体です。

「銀河」って？

銀河とは、こう星と星間ぶっしつを　ふくむ　天体の大集だん、
つまり　星たちのグループです。
「こう星」とは、太陽のように自分のエネルギーで　かがやく星のことです。
「星間ぶっしつ」とは、星と星の　間にうかぶ
ガスやチリです。「銀河けい」という場合は、
地球がある　「天の川銀河」のことだけを　さします。
銀河は　ほかにも「アンドロメダ銀河」など、たくさんあります。

ベガとアルタイルは
どのくらい　はなれているの？

ベガ

地球

25光年

15光年

17光年

アルタイル

光のはやさで15年！

地球から　ベガまでのきょりは　25光年で、アルタイルまでは
17光年です。そして、2つの星の間の　きょりは　15光年です。
光のはやさで　15年かかるきょりなんて、おりひめとひこぼしは
いったい　どんな方ほうで　会ったのでしょうね。

「光年」って？

1光年は、光が1年間に　すすむ
きょりです。光は1びょう間に
やく30万kmすすむので、
1年で　やく9ちょう5000おくkm
すすみます[1]。
新かん線の時そくを　300kmとすると、
1年間で　やく263万km　すすみます。
1光年すすむには　新かん線でも
やく361万年かかります[2]。

光が　1びょう間に
すすむきょりは
地球　7しゅう半！！

※1 30万km × 60びょう × 60分 × 24時間 × 365日 ＝ 9ちょう4608おくkmすすみます。
※2 9ちょう5000おくkm ÷ 263万km＝やく361万年

Q どうして七夕は 7月7日なの？

A ベガとアルタイルが、より かがやいて見えるからだよ。

むかしのカレンダー（きゅうれき）の
7月7日ごろは、天の川をはさんだ
夏の大三角が、夜の9時ごろ　ほぼ頭上にあり、
ベガとアルタイルが　よく見えます。
おりひめとひこぼしの　お話が生まれたのは、
むかしの中国とも　いわれています。
そのお話と、日本のむかし話や　7月7日に
行われていた　行事が　合わさって
今の　七夕に　なりました。

きゅうれきの七夕まつり
日本では、今のカレンダー（新れき）の
7月7日は　まだつゆで　雨の日が多く、
星をかんさつできない　こともあります。
そのため、きゅうれきの7月7日や
今の8月7日ごろに　七夕まつりが
行われるところもあります。

日本三大七夕のひとつ「仙台七夕まつり」は、
毎年8月6〜8日に行われます。

夏の大三角は
冬は見えないの？

夏と冬だと
見える星座が
ちがうんだ。

地球は　太陽のまわりを　回る

毎日　同じ時間に　夜空を見ても、
きせつごとに　見える星座は　ちがってきます。
それは、地球が　太陽のまわりを　1年かけて
1しゅうしているからです（これを「公転」といいます）。

空の太陽が　うごいて見えるけど、
じつは地球が　うごいているんだ！

太陽と はんたいの 方こうにある 星座は ひとばん中 よく見える

公転によって 北半球が
冬になると、夏とぎゃくに
昼がわの さそり座は
見えにくいですが、
夜がわの オリオン座は見えます。

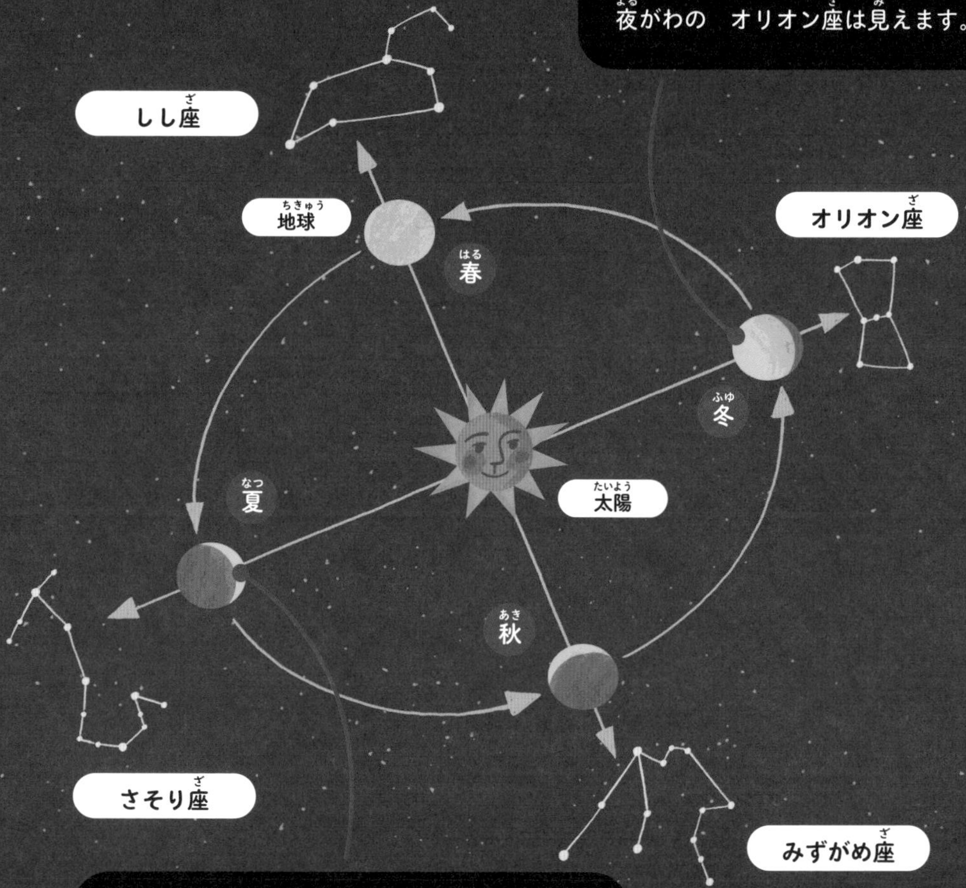

しし座

地球

春

オリオン座

冬

夏

太陽

秋

さそり座

みずがめ座

日本がある 北半球が 夏のとき、
オリオン座は 太陽と同じ方こうに あります。
つまり、明るい昼間の空にあるので、
見ることができません。
太陽と はんたいがわにある さそり座は、
くらい夜の空にあるので見ることができます。

おうちで
じっけん

とうめいがさで
星座ばんを　つくろう

星が見える方こうや、いつ見えるのかが、
わかるのが　星座ばんです。

よういするもの

- とうめいがさ…1本
  （50〜55cm）

- かた紙
  ※売っているかた紙やJSTのホームページなどからダウンロードしていんさつしたり、100円ショップなどの星座ばんを8つに切り、A3用紙にかく大コピーしてつくることができます。

- ゆせいペン（白）
- セロハンテープ

**かさの先を
北極星にむけて、
日づけが目の前に
くるようにします。**

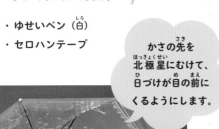

やりかた

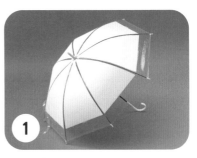

1

かさの外がわ（雨がかかるほう）にかた紙をはります。内がわに星座ばんが見えるようにします。

2

内がわから、ペンでかた紙をなぞります。

参考：JST（国立研究開発法人 科学技術振興機構）「おもしろ教材がいっぱい」コーナー内「簡易プラネタリウム」
※上の工作は、大島修先生考案の星座早見傘を、一部変更して紹介しています。

ヘンゼルと
グレーテル

ある日、森の中で　まよってしまった
きょうだいが見つけたのは、おかしの家！
どんなおかしで　できた家なんだろう？
じっさいに　つくってみたいな！
おいしいおかしにも、かがくのふしぎがあるよ。

どうわを
かがくで
なぞとき！

おかしのふしぎ ≫ 119ページ

ある　ひ、おにいさんの　ヘンゼルと　いもうとの
グレーテルが、もりを　さまよって　いました。
　いえが　まずしく、たべるものに　こまった
きこりの　おとうさんが、おかみさんに　いわれて
しかたなく、もりに　おきざりに　したからです。

「いえに　かえりたいよう、おにいちゃん。」
「だいじょうぶ。かえりみちが　わかるよう、
パンくずを　そっと　おとして　きたからね。」
　ところが　パンくずは、ことりたちが
たべて　しまって、みあたりません。
「めじるしが　なくなっちゃった……。」
　ふたりが　べそを　かきながら、
くらい　もりの　なかを　あるいて　いると――。

「わあっ！」
「おかしの　いえだ！」

おなかが　ぺこぺこだった　ふたりは、
クッキーの　やねや　キャンディーの
まどに　かじりつきました。

「よく　きたね。こっちへ　おいで。」
　いえの　なかから　まじょが　あらわれました。
　まじょは　ヘンゼルを　おりに　とじこめると、
グレーテルに　いえの　てつだいを　させました。
　そして　しばらく　たった　ひ、
まじょが　グレーテルに　いいつけました。
「あの　こを　りょうりして　たべるよ。
おまえは、かまどの　ひを　つけるんだ。」
「……どう　やるの？」
「チッ。こう　するのさ！」

まじょが　かまどを
のぞいた　その　とたん、

　　グレーテルは　まじょを　ちから　いっぱい
つきとばし、かまどに　とじこめて　しまいました。
「おにいちゃん、にげよう！」
　　ふたりは　まじょの　へやに　あった
ほうせきを　たっぷり　もって
いえに　かえりつきました。

　きこりは　ないて　あやまり、
こどもたちの　ぶじを　よろこびました。
　おかみさんは　びょうきで　なくなって　いました。
　3にんは、ほうせきを　うった　おかねで、
しあわせに　くらしました。

Q キャンディーやクッキーは どうして かたいの?

A 水分(すいぶん)がぬけて かたくなるんだよ。

水分(すいぶん)がぬけて かたくなるキャンディー

キャンディーは たくさんのさとうから
できています。さとうに 水(みず)をくわえて
こいさとう水(みず)を つくってから、あたためると、
さとう水の水分(すいぶん) 空気中(くうきちゅう)に にげていきます。
すると、さとうどうしが しっかりとくっついて、
かたくなります。

グルテンでかたくなるクッキー

クッキーは、たくさんの小麦粉(こむぎこ)とさとうや
バターなどを 合(あ)わせて つくります。
小麦粉(こむぎこ)に 水分(すいぶん)をくわえて よくねると
「グルテン」ができて ゴムのように
のびちぢみします。これをやくと
水分(すいぶん)がぬけて かたくなります。

Q チョコレートが とけやすいのは なぜ？

A ひくいおんどで あぶらが とけるからだよ。

チョコレートは、「カカオ」という植物のタネから つくった
カカオペーストに、さとうなどをくわえて つくります。
カカオペーストには あぶらがたくさん 入っています。
あぶらには ひくいおんどでも とけるもの、
高いおんどに ならないと とけないものがあります。
カカオペーストに ふくまれる あぶらは、
ひくいおんどで とけるので、
チョコレートは とけやすいのです。

とけにくい
チョコレート

カカオの実

カカオの実は、かたいからに
おおわれています。
中のタネを、はっこう、かんそうさせたり
すりつぶしたりして、
カカオペーストをつくります。

チョコレート

カカオペーストに さとうなどを
くわえると、チョコレートができます。
このままだと とけやすいのですが、
チョコレートを 細かいつぶにして、
チョコレートのまわりを さとうやビスケット
などで おおうと、とけにくくなります。

 おうちで じっけん

チョコレートをとかして かためてみよう

四角、三角、ハートなど、すきな形の
かたをつくって、とかしたチョコを　かためてみましょう。

かわいく
トッピング
しよう

よういするもの

・牛にゅうパック
（1L）…1本

・いたチョコレート
…1まい

・みっぺいぶくろ
…1まい

・クッキングシート
・はさみ　・ホチキス
・ボウル　・バット
・おんどけい

※ホチキスで牛にゅうパック
をとめるときは、はずれない
ようにしっかりとめましょう。
じっけんは大人といっしょに
行い、つくったらなるべく
早めに食べましょう。

やりかた

牛にゅうパックをひらき、
はば2cmに切って、す
きな形をつくり、ホチキ
スでとめます。

※ハートがたのくぼんでいるとこ
ろはあさめに、とがっていると
ころはふかめにホチキスでとめ
るときれいにできます。

1

チョコを小さくわって、
みっぺいぶくろに入れて、
しっかりと口をしめます。
60℃のおゆの入ったボ
ウルに入れてとかします。

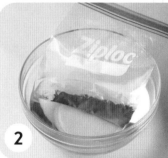
2

クッキングシートの上に、
かたをおきます。みっぺ
いぶくろのはじを、はさ
みで少し切って、とけた
チョコをかたにながし入
れます。れいぞうこで、
かたまるまでひやします。

3

おかしは どんな形？

家にある おかしの形を 見てみましょう。

または、お店で売っている おかしの形を 思いうかべてみましょう。

丸、正方形、長方形、いろいろな形が ありますね。

組み合わせて、おかしの家に できそうでしょうか？

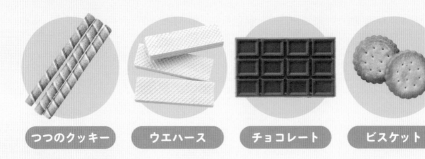

つつのクッキー　　ウエハース　　チョコレート　　ビスケット

もっと
知りたい！

ハチの巣は じょうぶな ハニカムこうぞう

ハニカムこうぞうとは、
正六角形のはしらの ようなものを
すきまなく ならべたものです。
ハチの巣の 形から
名前がつけられました。
少ないざいりょうで、
強いこうぞうを しているので、
こわれにくいと されています。

ハチの巣は、
正六角形をならべて、
むだなく多くのへやを
つくることができるよ。

Q おかしの家って つくれるの？

A せっけいずから つくってみよう。

おかしの形を　組み合わせて、せっけいずをつくり、
すきな家を　考えてみましょう。

1かいだての
えんとつつきの　おうち？

2かいだての
ベランダつきの　おうち？

白い雪が　つもったやねは、
ホワイトチョコレートで
デザインしようかな？

大きなクッキーを　つかうと
家のかべに　なるかな？

おかしの家を　つくってみよう

いろいろなつくりかたが　考えられます。
世界にひとつのおかしの家を　つくってみましょう。

アイデア❶

牛にゅうパックに　ラップをかけます。
アイシングシュガー（市はんの
ペンタイプだと　ぬりやすい）を
おかしのうらがわに　ぬって、
ラップに　はりつけます。

牛にゅうパックに
ラップをかけたところ。

なんのおかしを
つかって
つくろうかな？

アイデア❷

家の　形にした　スポンジケーキやカステラに
クリームをぬって、おかしをくっつけます。

四角や三角に切って
　組み合わせて
家の形にします。

生クリームなどを
まわりにぬります。

どうしたら
じょうぶに
できるかな？

※保護者の方へ
お菓子の家を作る際は、衛生面に注意してお子さまと一緒に取り組んでください。
作ったお菓子の家は、保存に注意し、早めに食べきりましょう。

かぐやひめ

ある日、おじいさんが竹の中に　見つけたのは、
うつくしいかぐやひめ。
光る竹は　本当にあるの？
かぐやひめが帰った　月は、見えない日もあるけど、
かぐやひめも　いなくなっちゃったの？
日本にむかしから　つたわるお話にも、
かがくのふしぎが　たくさんあるよ！

どうわを
かがくで
なぞとき！　　月のふしぎ ≫ 132ページ

「おや？　ひかって　おる！」

　ある　ひ、おじいさんが

ふしぎな　たけを　みつけました。

　きって　みると、なかに　ちいさな

あかちゃんが　いました。

「うちへ　つれて　かえって　そだてよう。」

　おじいさんと　おばあさんは　あかちゃんを

それは　だいじに　そだてました。

　やがて、あかちゃんは、かぐやひめと　よばれる
うつくしい　むすめに　なりました。
「かぐやひめと　けっこんしたい。」
　と、たくさんの　わかものが　いえを
たずねて　くるように　なりました。

「わたくしは、めずらしい　たからものを
もって　きた　かたと　けっこんする　ことに
いたしましょう。」
　かぐやひめが　ほほえみました。
　けれど、だれが　なにを　もって　きても、
かぐやひめは、しずかに　くびを　よこに　ふるばかり。
　だれとも　けっこんしようと　しませんでした。

ある　よるの　こと。

　かなしげに　つきを　みあげた　かぐやひめが、
おじいさんと　おばあさんに　うちあけました。
「じつは　わたくしは　つきの　せかいから
やってきました。もうすぐ　つきに
もどらなければ　なりません。」

まるい　つきが　かがやく　よる、
そらから　むかえが　やってきました。
「いかないで　おくれ。」
　おじいさんと　おばあさんは、なきました。

　かぐやひめも　なきながら、
「さようなら、おげんきで。わたくしを
そだてて　くださって、ありがとう。」
と、つきへ　かえって　いきました。

月のふしぎ

竹やタケノコを　見たことはあるかな？
かぐやひめが帰った　月は、どんなところ？

Q 光りかがやく
竹って、本当にあるの？

A 光ったように見える
竹があるよ。

竹が自分で
光っていたんじゃ　ないんだ！

おじいさんが見た　竹のしゅるいは、
「ハチク」だと　考えられます。
ハチクは、ひょうめんに
白っぽくこなが　ついたように
見える竹です。月の光に　当たると、
ほんのりと　光ったように見えます。

高さ10〜15m、
太さ3〜10cmです。

ひょうめんが白っぽく　見えるハチク。

さまざまな　光る生き物

光る生き物は、ホタルなどの虫、
クラゲやイカなどの　海の生き物、キノコなどの　きんるいなど、
地球上に数千〜数万しゅるいも　あると　いわれています。
なぜか　光る植物は　ありません。

ツキヨタケ

夜になると青白く　光って見えます。
（しゃしんでは　みどり色に見えます）

ふつうのきのこに
見えるね！

ヤコウタケ

夜になると
明るいみどり色に　光って見えます。

昼間は
白く見えるよ！

ゲンジボタル

おしりのところが　光ります。

なんで光るの？

光るりゆうは　生き物によって
ちがいます。生き物の
体の中にある　光るこうそが、
しげきされたり、べつのせい分と
くっついたりして、光ります。

Q 竹は 大きくなるのに どのくらいかかるの？

A 芽が出て 半年で 20mになるよ！

竹から生まれた かぐやひめは、
あっという間に 大人になりました。
じっさいの竹も、とても早く せい長します。
竹は、地めんの 下にある くき（地下けい）に
芽ができます。それがのびて タケノコになります。
さらにのびると 竹になります。
ひとばんで、1mも のびたという きろくもあります。
竹のしゅるいにも よりますが、
モウソウチクは、半年で20mほどの
高さに せい長します。

竹になる

タケノコに
なる

芽が出る

134

タケノコを　食べてみよう！

春になると　スーパーなどで皮つきのタケノコを　見かけます。
りょうりをして、食べてみましょう。

1 タケノコを水であらい、
　　どろを落としたら、
　　かたい皮を　2〜3まいむいて、
　　たてに切りこみを入れます。

2 なべに水と　米ぬかや米を
　　入れて　ゆでます。

3 竹ぐしが、すっと通るように
　　なったら、火をとめて
　　そのまま　さまします。

ゆでてかたい皮をむくと
やわらかいぶんが出てきます。

ゆでたタケノコは　皮を　はがしてから、
やわらかいぶんを　小さく切って　つかいます。
たきこみごはんにすると　おいしく食べることが　できます。
すぶたやチンジャオロースに　入れても、おいしいですね。

たきこみごはん

チンジャオロース

メンマはタケノコ？

ラーメンに入っている
メンマの正体は　タケノコです。
でも、日本でよく見かける
モウソウチクではなく「マチク」
というしゅるいの　竹です。

135

Q 月の形が かわるのは　なぜ？

A 月に当たる　光と 月にできる　かげによって 形がかわって　見えるよ。

地球が　太陽のまわりを　回っているように、
月は　地球のまわりを　回っています。

まん月

右のように、月、地球、
太陽のじゅんばんで

ならんでいるとき、
月に当たった　光は
ぜんぶ地球から見えるので
丸いまん月に　なります。

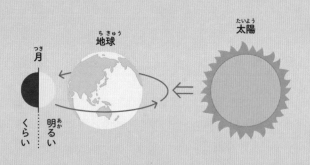

新月

太陽、月、地球の
じゅんばんに

きれいにならぶときは、
月に当たった光は、
地球からは見えないので
月が見えず、新月になります。

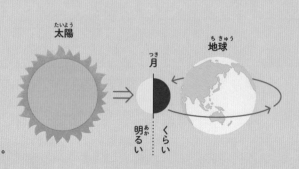

月明かりの明るさは？

まん月の光は　0.25ルクス
（明るさのたんい）です。
読書に　おすすめの明るさは

500ルクスと　いわれています。
中国のむかし話に、お金がなく、
家に明かりがないので、やねの上で
月明かりで　本を読んだ

というものがあります。
むかしは、まん月は、きちょうな
明かり　だったのですね。

まん月

まわりに　明かりがない
場所に　行くと、まん月は
とても　明るくかんじます。

三日月

まん月の100分の1の　明るさ
しか　ありません。それでも
まわりの星と　くらべると
とても明るく　かんじますね。

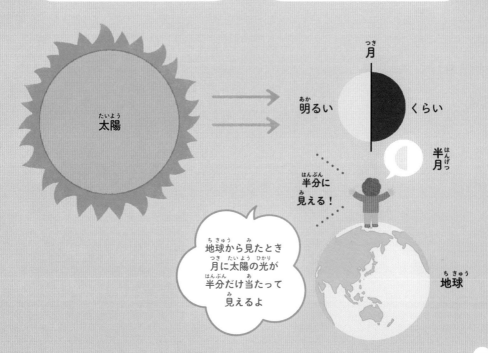

太陽

明るい　くらい

月

半月

半分に
見える！

地球から見たとき
月に太陽の光が
半分だけ当たって
見えるよ

地球

Q 月で、人間が くらすことは　できるの？

A もうすぐ すめるかもしれません。

月に　すめるみらいは、わりと
近いかもしれません。
宇宙で　生活しながら、
じっけんなどの　けんきゅうをする
「国際宇宙ステーション（ISS）」が
すでにあるので、このような
しせつを　月の上に　つくれば
すめそうですね。

地球の上空にうかぶ
宇宙じっけんしせつのISS

月に　すむとしたら、地球と
どんなところが　ちがうかな？

【地球と月のちがい】

	地球	月
空気	ある	ないけど… さんそのもとになる　さんかぶつが、月のすなの　中にあるので　りようしてさんそを　つくれるかもしれない
水	ある	あるかもしれない
食べ物	ある	ないけど… おんしつのようなところで野さいを　つくることができる
電気	ある	太陽でんちをつかったり、太陽ねつで　はつ電できる

重力が小さい月で
ジャンプすると
高くとべる！

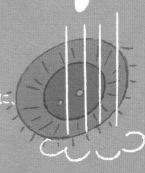

月に　人が行く　計画

人間が　はじめて月に　着りくしたのは、
1969年のアメリカの　「アポロ計画」です。
アメリカの月着りくようの宇宙船から
アメリカ人ふたりが　月におりたちました。
2024年げんざい「アポロ計画」から50年ぶりに、
人間が　月めんに　おり立つことをめざした
「アルテミス計画」があります。

すんでみたい 星は あるかな?

いろいろな星が あるけれど、
すんでみたい ところは あるかな?

地球がある 太陽けいの ほかの星?
太陽けいには、8つのわく星が あります。
夜空に赤く かがやいて見える 火星は、地球のおとなりさん。
火星のとなりの 木星は、地球のちょっけいの
11ばいの大きさで とっても大きいです。

わたしたちがくらす
銀河けいを とび出すと
アンドロメダ銀河など
さらなる宇宙が
広がっていきます。

まだまだ わかっていない
ことが 多い宇宙。
これから どんな発見が
まっているのかな?

おおきなかぶ

かぶのタネをまいた　おじいさん。
心をこめて　そだてました。
できたのは、見たこともない　大きなかぶ！
どれくらい大きいの？
どうやったら　ぬけるかな？
あまくて　おいしいかぶを
みんなでどうやって食べようかな？

どうわを
かがくで
なぞとき！
 おもさのふしぎ ≫ 147ページ

おじいさんが、はたけに
かぶの　たねを　まきました。
　やがて、だれも　みたこと　ないほど
おおきな　かぶが　できました。
　おじいさんは　おおよろこび。
「きっと　おいしい　かぶに　ちがいない。
さあ、ぬくぞ。うんこらせ！」
　ところが、かぶは　まったく
うごきません。

「おばあさんやーい、てつだって　おくれ。」
　おじいさんは、おばあさんを　よびよせて、
ちからを　あわせ、
「うんこらせー！」
　それでも　かぶは　ぬけません。

こんどは、まごを　よんで　きて、
「うんこらせ。どっこらせ。」
　やっぱり　かぶは　ぬけません。

　とうとう、いぬも　ねこも
ねずみまでも　よびよせて、
「うんこらせー！　どっこらせー！」

スッポーン！
ようやく、かぶは　ぬけました。
「ばんざーい！」
みんなで、さっそく
スープに　して　たべました。

Q かぶって
どんな　野さいなの？

A 冬においしい　野さいだよ。

葉も根も　食べるよね！

かぶは、さむくなるころ、あまくなって
おいしく　食べられます。
かぶの　白いところは　じつは　根ではなく
くきのいちぶで「はいじく」とよばれます。
ダイコンや　ブロッコリーと　同じアブラナ科の
なかまです。お正月の1月7日に
1年のけんこうを　ねがって食べる
七草がゆにも、かぶが入っています。

かぶ

葉っぱにも　えいようが
たっぷりあるよ。

七草がゆ

春の七草（せり、なずな、ごぎょう、
はこべら、ほとけのざ、すずな、すずしろ）を
入れたおかゆ。かぶはすずなと　よばれます。

147

Q みんなは　それぞれ
どのくらいの力（ちから）で
かぶを　引（ひ）っぱれるの？

A 自分（じぶん）の体重（たいじゅう）と　同（おな）じくらい
のおもさを　引（ひ）っぱれるよ。

 そんなにパワーが　あるんだね！

地（じ）めんが　しっかりしていると、
人（ひと）は　自分（じぶん）の体重（たいじゅう）と　同（おな）じくらいの
おもさのものを
引（ひ）っぱることが　できます。
たとえば、体重（たいじゅう）15kg（キログラム）の人なら
5kg（キログラム）のお米（こめ）の　ふくろを3つ
くらい　引（ひ）っぱることができます。

ただし地（じ）めんが　すべりやすい
ときは、それより
小（ちい）さな力（ちから）でしか　引（ひ）っぱれません。

体重と　同じおもさを　引っぱれるとすると…

体重80kgだから、思いっきり
がんばったとき　80kgのものを　引っぱれるよ。

おじいさん

体重60kgだから、思いっきり
がんばったとき　60kgのものを　引っぱれるよ。

おばあさん

体重30kgだから、思いっきり
がんばったとき、30kgのものを　引っぱれるよ。

まご

体重20kgだから、
だいたい20kgのものを　引っぱれるよ。

イヌ

体重5kgだから、
だいたい5kgのものを　引っぱれるよ。

ネコ

体重500gだから、500gのものを　引っぱれるよ。
小さな力だけど、さいごのひとおしになったんだ。

ネズミ

=

合計
195.5
kg

みんなの力を　合わせると
195.5kgの　ものを引っぱれる！

Q 「大きなかぶ」は どれくらい おもかった？

A およそ100kgと 計算できるよ。

かぶを土から　引きぬくには、かぶのおもさの
2ばいの力が　ひつようになります。
そこで、引っぱる人たちの　体重を足した、
そのおもさの　半分が　かぶのおもさに
なると考えられます※。ただし、地めんが
すべったり、土にうまっているかぶが
大きかったりすると、うまく引きぬけない
こともあります。

「大きなかぶ」は、
だいたい100kgの
れいぞうこと
おなじくらい！

「大きなかぶ」は、
だいたい150kgの
おすもうさんよりは
かるい！

※149ページで、引っぱる人たちの　体重を足した　195.5kg ÷ 2 ＝97.75kg が、かぶのおもさと考えられます。

そんなに　おもい野さいって　本当にあるの？

世界にある　おもい野さい

「アトランティックジャイアント」
というカボチャは、
とても大きく　そだちます。
うまくそだてると、数百kgに
なることも　あります。

小さな子どもより　大きいカボチャです。
おもさをきそう　イベントがあります。

かんがえてみよう

「大きなかぶ」は　スープいがいに　どうやって　食べる？

日本では、つけものの
千まいづけが　ゆうめいです。
かぶは　やいても、
にても、つけても
おいしく食べられます。
どうやって
食べようかな？

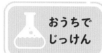 おうちで じっけん

力のつり合いを とってみよう

「大きなかぶ」が なかなかぬけなかったのは、引っぱる力と
かぶのおもさが ほぼつり合って いたからです。力がつり合うって
どういうことか、じっけんで たしかめてみましょう。

よういするもの
・ハンガー…2本
・タオル

やりかた

1 つくえなどの上に、ハンガーを少し
だけ、はみ出すようにしておきます。

2 もう1本のハンガーに、タオルをか
けます。

3 ①のハンガーに、②のハンガーを引
っかけます。バランスのとれるいち
があるので、つくえの上のハンガー
をうごかしながら見つけてみてね。

タオルが おもたくて
ハンガーがつくえから
おちてしまうときは、
つくえの上におくハンガーを
ふやしてみてね。

ぶら下がったハンガーが おちないのはどうして？

タオルがかかった ハンガーのほうが おもいのに、ハンガーが
おちないのは、てんびんのつり合いに よるものです。つくえから
はみ出させた ハンガーのフックが 支点となって、つくえの上の
ハンガーと タオルをかけた ハンガーの バランスをとっています。
支点は、りょうほうのハンガーを ささえる やくめがあります。

きたかぜと たいよう

太陽があたたかいのは　なぜ？

風がふくのは　どうして？

北風と太陽の　かがくのふしぎを知れば、

どっちがつよい？　じゃなくて、

じつは　どっちもすごい！　ってわかるんだ。

どうわを
かがくで
なぞとき！

天気のふしぎ ≫ 159ページ

「せかいで　いちばん　つよいのは　わたしだ。」

「いいえ、わたしですよ。」

　きたかぜと　たいようが、

いいあいを　はじめました。

「よし、ちからくらべを　しよう。」

　きたかぜが、たいように　いいました。

「あの　たびびとの　うわぎを　ぬがせた　ほうが

かちだぞ。」

「いいでしょう。」

「では、わたしから　いくぞ。」

　きたかぜは、たびびとに　つめたい　かぜを
はげしく　ふきつけました。

　ピュルーン！　ビュルルルーン！

「あんな　うわぎ、ふきとばして　やる！」

　ところが　たびびとは、

「さむい、さむい。」

　と　いって、うわぎを　からだに　まきつけるように
しっかり　おさえて　はなしません。

「つぎは　わたしの　ばんですね。」
　たいようは、たびびとを
やさしく　ぽかぽかと
てらしました。

　　すると、
　　「だんだん　あつく　なって　きた！」
　　と、たびびとが　うわぎを
　　ぬいだでは　ありませんか。

「う～ん　まけた！　ちからだけでは
うまく　いかない　ことも　あるのだな。」
　きたかぜは、ピューッと　どこかへ
とんで　いきました。

天気のふしぎ

北風と太陽の しょうぶは、太陽のかちでした。
風のパワーや、太陽のふしぎを しらべてみよう！

Q ひなたとひかげは どうちがうの？

A 太陽の光が 当たるか、 当たらないかだよ。

太陽の光ってあたたかいよね。

ひなた

ひなたとは、太陽の光が 当たって
明るいところです。
太陽のねつが とどくので、
ひなたの地めんは あつくなります。
夏の 熱中症けいかいアラートが
出るような日では、ひなたの地めんは
40℃近くになることも あります。

ひかげ

ひかげとは、ものの かげになって
太陽の光が 当たらない
くらいところです。太陽からの
ねつも さえぎられるので、
まわりよりも、地めんのおんどは
10〜20℃ほど
ひくいこともあります。

159

太陽は とてもあつい

太陽の ひょうめんのおんどは、やく6000℃と されています。

6000℃って、どれくらい あついのでしょうか?

ろうそくのほのおは 500～1000℃くらい、

ふん火した マグマは 900～1200℃くらいです。

太陽の6000℃って とっても高おんです。

太陽は ねつや光で
はげしくもえています。

太陽のねつを しらべてみよう

みのまわりで、太陽のねつの力を
つかうのは、たとえば、
せんたくものを かわかすときです。
せんたくものを 晴れたとき、
くもりのとき、雨のとき、
へやでほすとき、それぞれで
かわくまでに かかった時間を
くらべてみましょう。

Q 風は どうしてふくの？

A 太陽のねつで、空気が あたたまり うごくんだ。

目には 見えませんが、風は 空気のながれです。
太陽のねつで 空気があたためられると、
上しょう気りゅう（上にむかう 空気のながれ）ができます。
すると地上に、まわりにくらべて 空気がかるい 場所ができ、
そこに おもい空気が ながれこみます。
このうごきが 風になります。

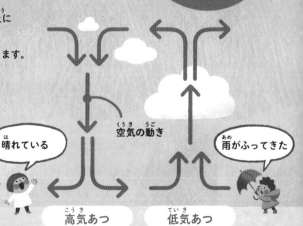

おふろのあたたかい空気が
つめたい空気と入れかわり
全たいがあたたまるのと同じだよ

高気あつ

まわりにくらべて 空気がおもく、
気あつが高いところ。空の上から地上に
空気が ゆっくりと下りて、
空気がおしちぢめられて おもくなります。
雲がなく、晴れます。

低気あつ

高気あつのはんたいで、
あたためられた空気が かるくなり
空へ上がるので、地上にはまわりから
空気が 入りこみます。上空では、
雲ができ 雨がふりやすくなります。

空気の動き

晴れている

雨がふってきた

高気あつ　　低気あつ

Q 北風は どうして つめたいの？

A さむい北から ふいてくるからだよ。

なんで つめたい風に なるの？

風が ふいてくるむきを 「風むき」といいます。
北風は、北から ふいてきます。
地球の北にある 北きょくでは、
太陽のねつを しっかりうけることが できないので、
北のほうから ふく風は、つめたくなるのです。

風のよび方は 2000しゅるい！？

日本人は、自ぜんを 大切にしながら
くらしてきました。
そのなかで、風にもいろいろな
名前を つけてきました。
「春一番」や「木がらし」「秋風」
などは きせつを かんじますね。
ほかにも 「はやて」や「つむじ風」など
2000しゅるいも あるといわれています。

きせつと 風むきのちがい

冬

冬は、さむいユーラシア大りくから
あたたかい太平洋へむけて
北風がふきます。その風が日本海を
通るときに つめたい空気が
しめった空気を ふくみ 雪をふらせます。

秋

秋は、春と にたような気こうに
なります。夏のおわりの
あたたかい南風に
まざって 冬のつめたい北風が
ふくようになります。

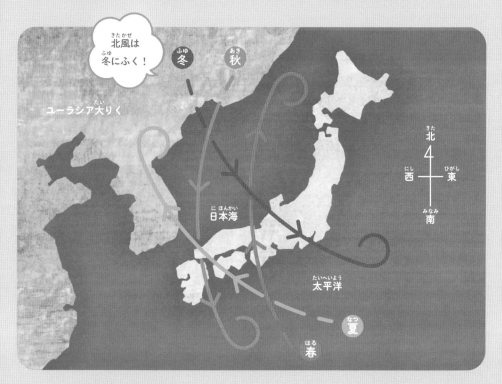

北風は
冬にふく！

冬　秋

ユーラシア大りく

北
西　東
南

日本海

太平洋

夏

春

春

春は、北風にまざり あたたかい南からの
風が ふくことがあります。
日本れっとうを 北風がまたぐとき、より
あたたかい南風が ふくことも あります。

夏

夏は、太平洋から
あたたかい空気を ふくんだ風が
ユーラシア大りくへむけて
ふくので、南風になります。

天気のふしぎ

おうちで じっけん

サボニウスがた風車を つくってみよう

サボニウスがた風車とは、たてがたの風車です。
どの方こうから　風がふいても　回ります。

よういするもの

・紙コップ
…2個

・竹ぐし…1本

・ストロー…1本

・はさみ

・セロハンテープ

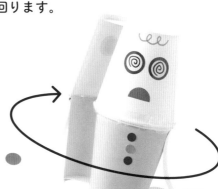

顔や手足を
つけてもおもしろいよ

やりかた

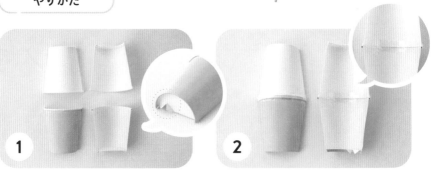

1 紙コップをたてに切ります。1つの紙コップのそこに、切りこみを入れます。

2 半分に切った紙コップの、たがいの口のぶぶんをセロハンテープではり合わせます。

164

3

つなげた紙コップに、ストローをセロ
ハンテープではりつけます。

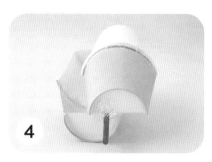

4

もう1つのつなげた紙コップを少しず
らして、セロハンテープで紙コップど
うしをはりつけます。

5

ストローを少し切って、竹ぐしのとが
ったほうをストローにさしこみます。

風車に、いきを
ふいてみよう。
くるくる回るかな？

サボニウスがた風車で風力はつ電

サボニウスがた風車は、
風力はつ電にも　つかわれています。
いろいろな方こうから　ふく
よわい風でも　風車が回り、
はつ電することが　できます。
また、ビルの間では、強い風がふくことが
あります。この風も　サボニウスがた風車
風力はつ電に　つかうことができます。

どんな方こうから　ふく風でも、
2まいの羽根を　つかって
はつ電することができます。

ずっとくりかえして　つかえるエネルギー

太陽、風、水、地めんのねつなどの　つかってもなくならない
自ぜんしげん（エネルギーのざいりょうとなるもの）を　つかって
つくるエネルギーを、「さい生かのうエネルギー」といいます。
石油や天ねんガスなどの　化石ねんりょうを　海外から
買うことができなくなっても、日本にある　自ぜんしげんで
はつ電し、エネルギーを　つくることができます。

光エネルギーをつかって 太陽で　はつ電！

太陽からの　光エネルギーを
つかって　太陽電池で　電気に
かえるのが　太陽光はつ電です。
太陽の光が　当たると
はつ電できる　しくみです。

太陽電池を　組み合わせて
パネルにしたものが　ソーラーパネル。

風で　はつ電！

風車をつかって、はつ電き
（モーターとほぼ同じもの）を
回して　電力をおこします。
海にかこまれている　日本では
海の上に　風車をたてたり
しています。風力はつ電は、
世界中でつかわれていますが、
日本は　まだ少なくこれからです。

風力はつ電の風車は
とても大きいものです。

うらしまたろう

ある日、いじめられていたカメを
たすけた　うらしまたろう。
おれいに　海の中の　りゅうぐうじょうに
行くことに　なったよ。
カメにのって、海にもぐるのって　楽しそう！
海のそこには、何があるのかな？
海のふしぎを　たんけんしてみよう！

どうわを
かがくで
なぞとき！　　海のふしぎ ≫ 174ページ

ある　ひ、うらしまたろうは、
はまべで　こどもたちに　いじめられて　いる
カメを　たすけて　やりました。
「ひどい　ことを　しては　いけないよ。
さあ、カメさん、おにげ。」

しばらく　たった　ひ、たすけた　カメが
やってきて、うらしまたろうに　いいました。
「どうぞ　わたしに　のって　ください。
たすけて　くれた　おれいに
りゅうぐうじょうへ　ごあんないします。」

「やあ、おもしろそうだ。」
　うらしまたろうは、カメに　のり、
うみへ　ぶくぶく　もぐって　いきました。
「ふしぎだなあ。いきが　できるぞ！」

りゅうぐうじょうは　みごとな　おしろでした。
うつくしい　おとひめさまが、
「どうぞ　ゆっくりして　いって　ください。」
と、ごちそうを　よういして　くれました。

うらしまたろうは　さかなたちの
おどりを　ながめて、うっとり。
　ときが　たつのも　わすれ、
なんにちも　ゆめの　ような　ひを　すごしました。

「そろそろ　むらへ　かえります。」
　うらしまたろうが　あいさつすると、
おとひめさまが　おみやげを　くれました。
「これは　とくべつな　たまてばこです。
ぜったいに　あけては　いけませんよ。」

うらしまたろうは、カメに　のって
むらへ　もどりました。
　けれど、ようすが　へんです。
　かぞくも　しりあいも　いません。
　あわてた　うらしまたろうは、
たまてばこを　あけて　しまいました。
　もくもくもく──どろん！

けむりが　でて　きて、
うらしまたろうは
おじいさんに　なって
しまいました。

Q 人がのれるほど 大きいカメって 本当にいるの？

A 大きいカメも いるよ！

いちばん大きい　カメは「オサガメ」

海のカメでも　りくのカメでも、人が　のれるくらい
大きなカメは　います。世界で　いちばん　大きいカメの
オサガメは、ウミガメのなかまです。

オサガメのこうらは、やわらかく
ゴムのような　かんじです。

どんな　のりごこちだろうね。

カメのこうらは　ほね？！

カメの　こうらは、てきから
身をまもるために　あります。

こうらは、じつは「あばらぼね」の
形がかわって　できたものです。

日本にも、ゾウガメに　のることができる
動物園があります。

画像提供　体感型動物園iZoo

世界の大きなカメ

海のカメ、りくのカメで　とくに大きな
カメを3しゅるい　しょうかいします。

オサガメ

オサガメ

体長（体の長さ）は200cm、こうらの長さは180cm、
体重は500～600kgと　考えられています。

これまでに　きろくにのこっている
いちばん大きな　オサガメは、体長256cm、
体重916kgです。1988年に見つかりました。

アオウミガメ

アオウミガメ

体長は150cmくらいで、こうらの長さは100cm、
体重は100～150kg。ハワイと東太平洋に　いる
アオウミガメは、色が　黒ずんでいるので
クロウミガメとも　よばれます。

ガラパゴスゾウガメ

ガラパゴスゾウガメ

ガラパゴスしょとうにいる　りくガメです。
体長は130cm、こうらの長さは120cmくらいです。
草やサボテンなどを　食べています。

ばんがいへん

古だいのウミガメ　アーケロン

およそ7500万年前には、古だいのウミガメの
アーケロンという生き物がいました。
アーケロンは、しっぽまで合わせると　全長400cmいじょうの大きさ、
体重は　2000kgをこえていたと　考えられています。

Q 海のそこには
りゅうぐうじょうが
あるの？

A でんせつとして　日本の
いろいろなところに
つたわっているよ。

むかしから、海のそこは
人間にとって　ふしぎなせかいでした。
海のそこには　べつのせかいが
あり、そこに行くと、
ふしぎな力やたからものが
もらえるとも
考えられていたのです。

『うらしまたろう』の　もととなる
お話は、大むかしから
日本のあちこちで　さまざまな形で
語りつがれてきました。
そうしたお話を　もとに
書かれたのが、
今の　わたしたちが読む
『うらしまたろう』なのです。

うらしまたろうと
りゅうぐうじょうの　でんせつ

日本全国にいろいろある　でんせつのうち、
ゆうめいなものを　しょうかいするよ。

木曽の寝覚の床（長野県）

うらしまたろうは、
りゅうぐうじょうから　帰り、
長い年月が　たっていたことが
わかると、たびに出ました。
そのたびで　たどりついたのが、
寝覚の床と　されています。

指宿の龍宮神社（鹿児島県）

横浜の浦島観音堂（神奈川県）

うらしまたろうが
りゅうぐうじょうへ　たび立った
場所とされています。
りゅうぐうじょうのような
お社や、そのおくには、
開聞岳が見られます。

うらしまたろうが
りゅうぐうじょうから
たまてばこと　いっしょに
もち帰ったと　いわれる
観音像が　まつられた
観音堂があります。

写真協力　鹿児島県南薩地域振興局

画像提供　慶運寺

Q ふかい海のそこは どうなっているの？

A 太陽の光が とどかず まっくらだよ。

サメのなかまの「ラブカ」
全長2m
水深200〜1000mにすむ

世界さい大のイカ
「ダイオウイカ」
全長4.5〜18m
水深500〜1000mにすむ

深海は まっくらな世界

水めんから200mより ふかいところを
深海といいます。太陽の光は、
ふかい海のそこには とどきません。
ふかさ1000mになると、まっくらです。
けれども、そんな深海にも 生き物が
すんでいます。深海生物は、少ない光を
あつめるために 大きい目になったり、
少ないエサを かくじつに つかまえるために
するどい歯をもったりと さまざまに進化しました。

世界でいちばん
ふかい海のそこは

フィリピンの
マリアナ海こう
10994mと
されています

海に 200mいじょう もぐった人も いる!

人が 息をがまんして
水にもぐるときの げんかいの
ふかさは 30mくらい
といわれています。
すもぐりのきょうぎで、
200mをこえて もぐったという
記ろくもあります。
ちなみにオサガメは、1200mまで
もぐることが できます。

人の体は 海のふかさに
たえられない?

息をとめて 海にふかく もぐると
人の体には 水あつがかかります。

あまりにもふかく もぐると、
はいの血かんが きずついて
しまいます。

せん水かんは すごい!

日本のせん水かん
「しんかい6500」は、ふかさ
6500mまで もぐっても
水あつで つぶれたりせず、
あんぜんに ふかい海の
けんきゅうを行っています。

水あつって?

水のおもさによって かかる
あつ力（めんにかかる力）のこと。
水のおもさなので、海のふかい
ところほど、水あつは
大きくなります。

おみやげにもらった　たまてばこで
おじいさんになったのも
ふしぎだな。

かんがえてみよう

自分だけのとくべつな　たまてばこ

あけたら　けむりが出てきた　たまてばこ。とてもふしぎですね。
もしも、本当に　たまてばこがあったら　どんなものがいい？

たとえば　動物にへんしんできる　たまてばこ？
すきな場所に　行けるたまてばこ？
いろいろなことが　はっ見できるかも　しれないね。

たまてばことは　ちょっとちがうけれど、
かいた絵や　つくった工作などを　はこに入れて、
土の中にうめておいて　何年かたってから　ほりおこす
タイムカプセルという　ものもあります。
あけるころには、どんな大人になっているかな？

ツルの
おんがえし

ツルって、どんな鳥(とり)？
はたおりきって、どんなきかい？
むかし話(ばなし)にとうじょうする　ものごとを知(し)ったあとに、
もういちど　お話(はなし)を読(よ)むと、もっとおもしろく
よくわかるようになるよ！　ためしてみてね。

どうわを
かがくで　　　　　鳥(とり)のふしぎ ≫ 188ページ
なぞとき！

ある　ゆきの　ひの　ことでした。

　おじいさんが　まちへ　たきぎを　うりに　いった
かえりみち、いちわの　ツルが
わなに　かかって　もがいて　いました。
「おお、かわいそうに。」
　おじいさんは、わなを　はずし、
ツルを　にがして　やりました。

　その　ばん──トントントン。

　しらない　むすめが、

おじいさんの　いえの　とを　たたきました。

「ゆきが　ひどく、いく　ところも　なく、

こまって　います。」

　おじいさんは、おばあさんと　そうだんし、

むすめを　そのまま　いえに　すまわせて

やる　ことに　しました。

しばらく　たった　ある　ひ、むすめが、
はたおりきの　まえで　いいました。
「わたしに　はたを　おらせて　ください。
でも、はたを　おって　いる　あいだは
へやを　けっして　のぞかないで　くださいね。」

パタパタ　カラリ　パタパタ　カラリ
はたおりは、みっかも　つづきました。

　やっと　へやから　でてきた　むすめは、
ふわりと　かるい　うつくしい　ぬのを
おじいさんに　さしだしました。
「これを　うって　きて　くださいな。」
　おじいさんが　まちへ　うりに　いくと、
ぬのは、たいへん　たかく　うれました。

むすめは　また　へやに　こもり、
はたを　おりはじめました。
「どうしたら　あんなに　きれいな
ぬのが　できるんだろうねえ。」
「へやに　こもりきりで　だいじょうぶだろうか。」
　おじいさんと　おばあさんは、きに　なって
つい、へやを　のぞいて　しまいました。

　なんと　はたを　おって　いたのは、
おじいさんが　まえに　たすけた　ツルでした。
　ツルは、じぶんの　はねを　ぬいて、
ぬのを　おって　いたのです。
「ほんとうの　すがたを　みられては、
もう　ここには　いられません。」
　できたての　ぬのを　ふたりに　わたすと、
ツルは、とびさって　いきました。

かがくでなぞとき！
ツルの
おんがえし

鳥のふしぎ
自分の羽を　つかって　はたおりをした　ツル。
ぬのって　どうやってつくるの？

Q ツルって　どんな鳥？

A タンチョウという　ツルは
体は白く、頭が赤い
大きな鳥だよ。

すがたがきれいな　鳥だよね。

『ツルのおんがえし』に出てくる
ツルは、タンチョウとも
考えられます。日本で
ツルといえば、タンチョウを
さすことが　多いからです。
まっ白な体で　頭の上は　赤、
目元から　首にかけては　黒の
うつくしい鳥です。

つばさを広げると　240cm
にもなる　大きな鳥です。

鳥の羽にもしゅるいがあるよ！

① 風切羽

鳥のつばさの 後ろのふちの
羽で、長くてじょうぶです。
とぶための羽で、
ほねから生えています。

② 体羽

頭やむね、おなか、せなかなど、
体ぜんたいに生えていて、
体をまもる やくわりがあります。

③ めん羽

糸のような やわらかい
羽毛。体羽の内がわに
生え、体おんを たもつ
やくわりが あります。

やってみよう！

カラフルな 鳥の羽を
しらべてみよう！

鳥の羽は、とっても カラフル。
赤、みどり、黒、青など
どんな色の 鳥の羽が あるか、
図かんや動物園などで
しらべてみよう。

コンゴウインコ

キールハシラオオハシ

カワセミ

Q 鳥の羽で ぬのは つくれるの？

A 鳥の羽だけで ぬのは つくれないけど、羽は べつのものにつかわれるよ。

ぬのは、糸をおってつくることが多く、
つぎのような ざいりょうから つくられます。

糸や毛糸の ざいりょう

ヒツジの毛

かいこのまゆ

めん花

↓　↓　↓

よう毛

生糸

めん糸

 鳥の羽は、何につかわれるのかな？

羽のしゅるいと つかいみち

羽毛は、鳥が
とぶための羽と、
体をまもったり
体おんを　たもつための
羽が　あります。
どの羽もみじかく、
糸にすることは　できません。

めん羽

ふわふわした
めん羽は　体の
内がわに生えて　体おんをたもち、
水をはじく　やくわりをします。
ダウンジャケットや羽毛ふとん
などにも　つかわれています。

羽毛ふとん

ダウンジャケット

風切羽

じくのある羽です。
ぼうしのかざりや、
バドミントンのシャトル、
大きい鳥の羽は、
羽根ペンにつかわれています。

バドミントンの
シャトル

羽根ペン

Q 「はたおりき」って どんな　きかい？

A 糸から　ぬのをおる きかいのことだよ。

糸からどうやって、ぬのになるの？

はたおりきとは、めんやきぬの　おりものをつくるときに
つかった道ぐです。たてに　はった糸に　よこから糸を通して、
交ささせて　ぬのを　おっていきます。人の手足で　うごかして
おるので、できあがるまでに　とても時間が　かかりました。
うつくしいおりものは、高いねだんで　売れました。
ツルのおった　うつくしいぬのは、高く売れたことでしょう。

ぬのは、たての糸と　よこの糸を
交ささせております。
交さのやり方を　かえることで、
いろいろなおりものが　できあがります。

はたおりきをつかって、ぬのをおっていました。

人の力から　自動のはたおりきへ

1896年に豊田佐吉は、おゆが　ふっとうしたときに　出る、
じょうきの力を　つかってうごかす　動力しょっきを
はつ明しました。そのおかげで　たくさんのぬのを　おることが
できるようになり、日本の工業力（きかいで　よいものを
たくさんつくれるようになること）が　とても上がりました。

豊田佐吉のはつ明した、
豊田式汽力 織機

画像提供
トヨタ産業技術記念館

やってみよう！

ぬのを
虫めがねで見てみよう！

たて糸、よこ糸が見えるかな？
どんな糸を　つかっているかな？
さわると　どんなかんじかな？
ぬのにも　いろいろなしゅるいが　あるね。

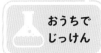
おうちで
じっけん

ミサンガを
つくってみよう

いろいろな色の糸を　あんでつくるミサンガ。
糸からものをつくるって　たいへんだけど、
ちょうせんしてみよう。ビーズを入れたり、
すきなようにつくってみましょう。

やりかた

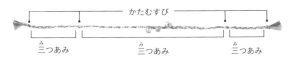

かたむすび

み
三つあみ　　　　三つあみ　　　　三つあみ

み 三つあみ

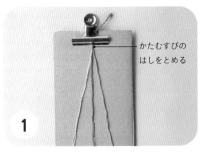

1

ししゅう糸は60cmを２本ずつようい
します。はしをむすび、クリップであ
つ紙にとめます。

かたむすびの
はしをとめる

2

下の図を見ながら三つあみをくりかえ
します。すきな長さで、ひとつにむす
びます。

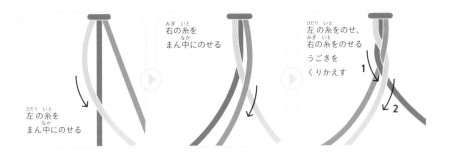

ひだり いと
左の糸を
まん中にのせる

みぎ いと
右の糸を
まん中にのせる

ひだり いと
左の糸をのせ、
みぎ いと
右の糸をのせる

うごきを
くりかえす

1

2

よういするもの

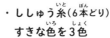

・**ししゅう糸（6本どり）**
　すきな色を3色
　※三つあみは、それぞれ60cmを2本ずつ。
　　わむすびは、それぞれ80cmを2本ずつ。

・**あつ紙**
・**クリップ**

かたむすび
三つあみ　　わむすび　　三つあみ

◎ わむすび

1

ししゅう糸は80cmを2本ずつよういします。はしをむすび、クリップであつ紙にとめます。

2

むすぶ糸をきめたら、のこり2本はしんとして、まとめてもちます。むすぶ糸をゆびにひっかけて、数字の4の形にします。

3

しんに、むすぶ糸をまきつけます。

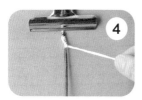

4

きゅっとむすび、上にまとめます。

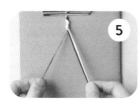

5

すきな回数をまいたら、むすぶ糸としんをかえます。

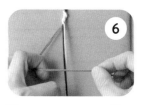

6

糸をかえることで、色がかわります。②→④をくりかえします。

Q 鳥はどうやって　とぶの？

A 羽を　上下に　うごかして　とんでいるよ。

ハト

羽ばたきひこう

鳥は、羽で　空気を下に
おすようにして、体を
うかせて　とんでいます。
下におろした羽は、
空気ていこう（空気が
じゃまをすること）により
羽の形を　かえて
上にあげます。その後また、
空気を　おし下げるように
羽を　下におろすのを
くりかえしています。

とんだまま　その場でとどまる

とてもすばやく　はばたきながら、
前にすすまずに　同じ場所で
とびつづけることが　できる鳥もいます。

スズメ

羽を広げたまま　とぶ

羽を広げて　上しょう気りゅうにのって、
くるくると回りながら
空の上へと　のぼる
とび方もあります。

トビ

196

ウサギとカメ

足がとっても　はやいウサギさんと、
ゆっくり歩く　カメさんが　しょうぶする　お話だよ。
ウサギさんとカメさんが　すすむはやさは
どれくらい　ちがうのかな？
どうしてウサギさんは　とちゅうで休んだの？
ちょっとむずかしいけれど、
いっしょに考えてみよう！

どうわを
かがくて
なぞとき！　　はやさのふしぎ ≫ 203ページ

カメが　のそのそ　あるいて　いると、
ウサギが　ぴょんぴょん　はねて　やってきました。
「カメくん！　きみって　ほんとうに
あしが　おそいんだね！」
「やあ、ウサギさん。ぼくだって
ウサギさんに　かつ　ことは　できるさぁ。」

「そんなら　きょうそうして　みるかい？
あの　やまの　てっぺんに
さきに　ついた　ほうが　かちだ！」
「もちろん　いいさぁ。」

よーい、どん！
ウサギは　ピューン。
カメは　のろのろ。
ウサギは　ふりかえって　あんしんしました。

「カメくんが　もう　みえないぞ。ハハハハハ。
ほーら、ぼくに　かてる　わけ　ないんだよ！」
　ウサギは　すっかり　きが　ゆるみ、
きの　かげで　ひとやすみ　しました。

「ウサギさん、さきに　いくねぇ。」
　ぐっすり　ねむりこんだ　ウサギの
よこを　とおりすぎ、
カメは　やまの　てっぺんに　つきました。
　この　しょうぶ、カメの　かち！

Q ウサギとカメの　1歩は
どのくらい　ちがうの？

A ウサギの　ジャンプで1歩と
カメの　歩いて1歩だと
大きくちがうよ！

ウサギは後ろ足が　とてもパワフルで、
ジャンプ力があります。
ノウサギの1歩は、ジャンプだと
100〜150cmほどです。

100〜150cm

カメの1歩は　体長（体の長さ）の
半分〜ほぼ同じくらいです。体長10cmのカメだと
1歩も5〜10cmくらいと　考えられます。

5〜10cm

1歩ですすめる　きょりは
大きくちがうね。

Q ウサギとカメの はやさは どのくらいちがうの？

A ちょっとむずかしいけど 計算してみよう！

ウサギやカメの しゅるいによって
はやさのきろくは ちがいますが
ウサギは100mを 9びょうで走った
という きろくがあります。
カメは1時間で およそ200mすすむ※
という きろくがあります。
今回は、このきろくから
計算してみましょう。

9びょう
で
ゴールするよ

1時間
かけて
ゴールするよ

100m

200m

お話のウサギさん、とてもはやいね。

※カメの時そくは 190mという データがあります。ここでは計算を かんたんにするため 200mとしました。

山まで2kmの　きょうそうだとしましょう。
ウサギとカメは、それぞれ　ゴールするまでに
どのくらいの時間が　かかるのでしょうか。

ウサギは3分かけて　ゴールします。

100m

2000m ＝ 2km

① ② ③ ④ ⑤ ⑥ ⑦ ⑧ ⑨ ⑩ ⑪ ⑫ ⑬ ⑭ ⑮ ⑯ ⑰ ⑱ ⑲ ⑳

9びょう

180びょう ＝ 3分

2km＝2000mです。2000mは、100mが20こ分です。
ウサギは、100mを9びょうで走るので、2000mだと、180びょうかかります。

カメは10時間かけて　ゴールします。

200m

2000m ＝ 2km

① ② ③ ④ ⑤ ⑥ ⑦ ⑧ ⑨ ⑩

1時間

10時間

2000mは、200mが10こ分です。
カメは、200mを1時間かけて歩くので、2000mだと、10時間かかります。

ウサギさんとカメさんが
すすむはやさは　大きくちがうね。

ウサギのはやさは、計算上は
人間の100m走の　世界きろくと　同じくらいですが、
ずっと　このはやさでは　走りつづけられません。
ですから、このお話の　ウサギは、
とちゅうで　休けいしたのかも　しれません。
このお話のウサギは、16びょう　全力で走って
1時間休む、というようなペースでしょうか。

いっぽう、このお話の　カメは、
じきゅう力が　あったので、
ずっとコツコツ　すすみつづけました。
それで、このレースでは　カメがかちました。

もっと
知りたい！

チーターは　なぜはやい？

りく上で　いちばんはやく　走れる
ほにゅうるいのチーターは、
走るときに　体ぜんたいを
ばねのように　つかって走ります。
前足と後ろ足を　前後に
思いっきりひらいて　とんだあと
こんどは体を　思いきりちぢめるのです。
とてもたくさん　エネルギーを
つかうので、長い時間は　走れません。
ウサギと　同じですね。

時そく100kmをこえる
こともあります。

歩き方、走り方をかえて きろくを　とってみよう

ウサギさんやカメさんに　なったつもりで、すすんでみよう。

◎ 1歩のきょりは　どれくらい？

①10歩歩くと？
　　　　　cm

②きみの1歩を　計算してみよう
　10歩あるいたきょり÷10 ＝ 1歩　　　cm

◎ 歩数を　くらべてみよう

同じきょり（たとえば校ていで50m）を　ふつうに歩くときと　走るときと、それぞれ何歩で　いけるかな？

ふつうに歩く
　　　　歩

走る
　　　　歩

歩くときは　カメさんの気もちになって、走るときは
ウサギさんの気もちに　なってみましょう。
走ったあとの　気もちはどうですか？
まだ　走れそう？　それとも　つかれたかな？
ぜん力で走ったウサギさんが　休けいした気もちが　わかるかもしれませんね。

Q カメは 長生きするって いうけど、どのくらい？

A 40年いじょうと いわれているよ。

カメは、生き物のなかでも長生きで、40年いじょう
生きるといわれています。カメのしゅるいにもよりますが、
ミドリガメは40年いじょうとも いわれています。
セーシェルゾウガメのジョナサンは、
190さいいじょうで
もっとも長生きしている
カメといわれています。
ウサギは、7〜8年くらいが
じゅみょうといわれています。
生き物によって
じゅみょうが ちがいますね。

「じゅみょう」って？

生き物は、みんないつか かならず しにます。
この、生まれてから しぬまでの 時間の長さを
じゅみょうといいます。 「へいきんじゅみょう」というのは、
「その生き物で あれば、だいたいこのくらいの 時間を生きる」
ということを 表します。

はなさか
じいさん

「かれ木に花を　さかせましょう！」

はいをまいて、いっしゅんで

花が　まんかいになったら　とてもすてきだね。

さいたのは、どんなお花だったんだろう？

植物が、きれいにさく　ふしぎをしらべてみよう。

どうわを
かがくで
なぞとき！　　　植物のふしぎ ≫ 217ページ

ある　ひの　ことです。

　やさしい　おじいさんの　いえの　いぬが、

はたけで　ほえました。

「ワンワン　ワン。ここほれ、ワン、ワン。」

「そこに　なにか　あるのかね？」

　おじいさんが　はたけを　ほって　みると、びっくり。

　おおばん、こばんが　ザクザク　でて　きました。

この　はなしを　きいた、
となりの　よくばりじいさんが、
いぬを　むりやり　じぶんの　はたけに
つれて　いき、なかせました。

　ところが、ほっても　ほっても、
でて　くるのは、がらくたばかり。
　よくばりじいさんは、おこって　いぬを
ころして　しまいました。

やさしい　おじいさんは　なきながら、
いぬの　はかを　つくりました。
　すると　たちまち　はかから
りっぱな　きが　はえました。
　おじいさんは、その　きで　うすを　つくりました。
「いぬの　かたみだ。だいじに　つかおう。」
　おじいさんが、もちを　つくと、またまた　びっくり。
　もちが　こばんに　かわりました。

「わしにも　かせ！」
　よくばりじいさんも、じぶんの　いえで
もちを　ついて　みましたが、
「やっぱり　がらくたしか　でて　こんぞ！」
　よくばりじいさんは　うすを　もやし、
はいに　して　しまいました。

　　　　　やさしい　おじいさんが
　　　　しょんぼりと　はいを　もちかえって
　　　　いた　ときの　こと──。

かぜが　ふき、かれきに　はいが　かかりました。
　その　とたん、ぽつぽつと　かれきに
さくらの　はなが　さきました。
「おお、おもしろい。もっと　やって　みよう。」
　おじいさんが　きに　むかい、
「かれきに　はなを　さかせましょう。」
と　はいを　まくと、さくら、さくらの　はなざかり。

ちょうど　とおりかかった
とのさまは、おおよろこびです。
「みごとじゃ！　ほうびを　やろう！」

（わしも　ほうびが　ほしいわい！）

　よくばりじいさんも、はいを　まきました。

　ところが　はなは　さきません。

　それどころか、とのさまの　めに
はいが　はいり、さあ、たいへん。

　おこった　とのさまは、よくばりじいさんを
ろうやに　いれて　しまいました。

かがくでなぞとき！
はなさか じいさん

しょくぶつ
植物のふしぎ

かれ木に　ぱあっとさいたのは　サクラの花。
植物には　いろいろなふしぎが　あるよ。

Q 大ばん・小ばんって なに？

A むかしの　金かだよ。

日本のむかし話に　よく出てくる「大ばん」「小ばん」は、
だ円形に　うすく広げた　むかしの金か（お金）です。

天正大ばん （たて14cm×よこ8cm）

今から　400年いじょう前に　豊臣秀吉という人が
つくらせました。1まいの金がくが　大きいため、
買いものの　だい金ではなく、
おくりものなどで　つかわれました。

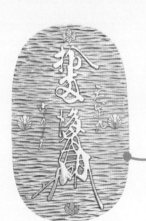

慶長大ばん

天正大ばんのあと、江戸時代に
つくられた　大ばんです。
徳川家康が　つくらせたときに、
つかう　金のりょうを　へらして
天正大ばんよりも　小さくつくらせました。

慶長小ばん （たて7cm×よこ4cm）

大ばんは　かちが高すぎて、
おつりを出すことが　できないので、
1まいの金がくが　より小さい
小ばんが　できました。

※このしゃしんの金かは、ほんものに　にせてつくった　コピー品です。

Q かれ木に はいをまいて 花はさくの?

A ひりょうになる はいもあるよ!

かれた木に はいをまいても ざんねんながら お話のように、
花は すぐにまんかいには なりません。
植物は、水をやれば、土のよう分を すいとってそだちますが、
「ちっそ」「リン」「カリウム」の 3つのえいようそが たっぷりな
ひりょうが ひつようなりょうだけ あると、より大きく そだちます。
花さかじいさんが まいたはいとは ちがいますが、
「草木ばい」という ひりょうになる はいもあります。

つぼみ

植物は ゆっくり
時間をかけて
すがたを かえるよ

秋・冬

おち葉

春

葉ザクラ

夏

花

葉

「草木ばい」は、むかし よくつかわれた　ひりょう

草木ばいとは、わらや落ち葉、かれ草などを
もやしてつくった「はい」のことです。
カリウムが多く、土をアルカリ性に
するはたらきが　あります。

酸性 ←→ **中性** ←→ **アルカリ性**

日本の土は
酸性が多い

草木ばいを　まぜると
中性になる

草木ばいを　入れすぎると
アルカリ性が　強くなる

もっと
知りたい！

アジサイの色は　土でかわる！？

アジサイは、土が酸性だと　青色になります。
土が酸性だと、土の中の「アルミニウム」という
せい分が　とけ出します。それをアジサイが
きゅうしゅうし、花にふくまれる「アントシアニン」
というせい分とくっつくと、花が青くなるのです。
はんたいに　土が中性からアルカリ性だと　土の中の
アルミニウムはとけ出しません。アジサイの花は　本来の
アントシアニンの色そ（色のもと）の　赤むらさき色
となります。アントシアニンの酸性だと赤、
アルカリ性だと青になるのと、ぎゃくの　はんのうですね。

Q サクラって どんな花？

A サクラのしゅるいや 名所を 見てみよう！

1 青森県（弘前公園）

長生きの ソメイヨシノがたくさん！

じゅれい100年（つまり100才）を こえる ソメイヨシノが 300本いじょう のこっています。リンゴさいばいを もとにした「弘前方式」で、 ふつうのソメイヨシノの じゅみょうよりも長く、 うつくしさを たもっています。

ソメイヨシノ

ソメイヨシノは、見て楽しむための サクラとして およそ150年前に 品種改良（人の手で よりよい花に すること）されたサクラ。 とても うつくしい花がさいたことで 日本全国に広がりました。

4 京都府（平安神宮）

ひなかざりと 同じサクラ

ひなかざりは、おひなさまから 見て、 左にサクラ、右にタチバナ（ミカン科の木）が おかれます。平安神宮には、ひなかざりと 同じように、正めんの 大極殿から見て 左がわに アカメヤマザクラが うえられていて、「左近の桜」とよばれます。

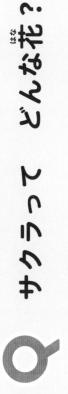

2 東京都（上野公園）サクラの名所

江戸時代ど前に はじまった

江戸時代の サクラの名所です。
400年ほど前に はじまった
あたりには、およそ1000本の
サクラが広がります。
ソメイヨシノ、ヤマザクラ、カンザン、
カンヒザクラなどがあります。
「秋色桜」とよばれる、清水観音堂の
そばにある シダレザクラが
ゆうめいです。

3 奈良県（吉野山）

3万本の「かみさま」のサクラ

吉野山のサクラは ヤマザクラが
中心で、赤い葉っぱを つけたあとに
花をさかせます。およそ1300年前、
ヤマザクラの木に 像をほった
ことから、かみさまがやどる 木とされ、
そのまわりにも サクラがうえられて
いったと つたわっています。

ヤマザクラ

日本の だいひょうてきな
サクラのひとつです。
「見て楽しむための サクラ」として
生まれた ソメイヨシノとは
ちがって、野生のサクラで、
じゅみょうが長く、大きな木になります。

保護者のみなさまへ

ワクワク、ドキドキ、
ふしぎな物語を通して、
子どもたちの科学の芽を育てましょう

　子どもたちの未来を輝かせるためには、日常の遊びを通じて子どもたちの想像力と創造力を豊かに育むことが大切です。「たくさんの本を読むこと」もその方法のひとつです。

　本書を読み終えたお子さまは、無限の新しい発見や物語、かがくの現象や実験を通して、ワクワクドキドキを体験できたでしょうか。数多くのコミュニケーションのなかで得られる知識や経験は、子どもたちの想像力の基盤を築きます。子どもたち自身の発見や感情を、図形や絵に表現することで、無限に考え出す喜びを体験し、柔軟な思考力と創造的な発想力が養われます。

　デジタル情報社会で生きる子どもたちには、静かで落ち着いたところで、ゆっくり物語について、自分自身で心豊かに考えてみる経験をしてほしいです。そうした体験をした子どもたちの脳は、新たな発見を生み出すための礎となり、新しいアプローチを模索する非認知能力が養われ、生きる力となって成長します。

　子どもたちの未来にエールを送りましょう。

　　　　　　　　　　　　　　　　　　小林 尚美

川村康文（かわむら・やすふみ）

1959年、京都府生まれ。東京理科大学理学部第一部物理学科教授。北九州市科学館スペースLABO館長。専門はSTEAM教育、科学教育、サイエンス・コミュニケーション。『科学のなぜ？新図鑑』『同・新事典』（受験研究社）、「名探偵コナン 実験・観察ファイル サイエンスコナン」シリーズ（小学館）など著書・監修書多数。NHK Eテレ「ベーシックサイエンス」やNHK「チコちゃんに叱られる!」にも出演。

小林尚美（こばやし・なおみ）

STEAM教育専門家。4歳からスズキ・メソードでピアノを習い、幼稚園教諭として音楽に親しむ「こころの教育」を実践。園長経験の後、東京理科大学総合研究院「未来の教室・サイバーメディアキャンパス懇談会」未来の教室プロジェクトに参加。幼児から学生まで幅広く、科学実験の出前授業や研究を行っている。共著に『はじめてみようSTEAM教育』（オーム社）、『親子で楽しむ！おもしろ科学実験12か月』（メイツ出版）。

童話
北川チハル（きたがわ・ちはる）

愛知県岡崎市出身。保育士を経て作家となる。絵本、童話、読み物など幅広く手がけている。『チコのまあにいちゃん』（岩崎書店）で児童文芸新人賞、『ふでばこから空』（文研出版）でひろすけ童話賞、児童ペン賞「童話賞」を受賞。執筆の傍ら、おはなしライブ、子育て・学校読書支援など、精力的な活動も行っている。日本児童文芸家協会、日本児童文学者協会所属。朝日放送テレビ番組審議会委員。

STAFF

アートディレクション	細山田光宣
デザイン	能城成美、榎本理沙
	（細山田デザイン事務所）
イラスト	seesaw.
	根岸美帆
	ハラアツシ
	浦本典子
	早川容子（登場順）
撮影	大見謝星斗
	（世界文化ホールディングス）
造形協力	宮地明子（宮地スタジオ）
撮影協力	石島宏人
写真	Shutterstock、PIXTA
本文DTP	株式会社明昌堂
校正	株式会社円水社
編集協力	石島隆子
編集	吉村文香

・・・・・・・・・・・・・・・・・・・・・・

小学生からよみたい かがくずかん

かがくでなぞとき どうわのふしぎ50
－名作のなぜ？なに？をさがしにいこう！－

発 行 日	2024年3月30日　初版第1刷発行
著　　者	川村康文・小林尚美
	北川チハル
発 行 者	竹間勉
発　　行	株式会社世界文化ブックス
発行・発売	株式会社世界文化社
	〒102-8195
	東京都千代田区九段北4-2-29
	03-3262-6632（編集部）
	03-3262-5115（販売部）
印刷・製本	株式会社リーブルテック